Edith en het huis in Moissac

Kathy Kacer

Edith en het huis in Moissac

EEN WAAR VERHAAL

Uitgeverij C. de Vries-Brouwers
Antwerpen   Rotterdam

CIP GEGEVENS KONINKLIJKE BIBLIOTHEEK, 's-GRAVENHAGE
C.I.P. KONINKLIJKE BIBLIOTHEEK ALBERT I

Kacer, Kathy

Edith en het huis in Moissac / Kathy Kacer. –
Antwerpen ; Rotterdam : de Vries-Brouwers.
ISBN 978-90-5341-853-6
NUR : 283
Trefw.: Holocaust

© 2006 Second Story Press, Toronto, Ontario, Canada.
Oorspronkelijke titel: Hiding Edith
© 2007 Irene Kathy Kacer
© 2010 Nederlandse tekst
© 2010 Voor België: Uitgeverij C. de Vries-Brouwers / Antwerpen
© 2010 Voor Nederland: Uitgeverij C. de Vries-Brouwers / Rotterdam
© Omslag: Melissa Kaita
© Lay-out omslag: Brenda Decolvenaer
© Foto's: Nicki Kagan

ISBN 978-90-5927-156-2
D/2010/0189/14

Met dank aan

Canada Council   Conseil des Arts
for the Arts   du Canada

voor de financiële steun.

Aan Edith Schwalb Gelbard,
een dappere en bewonderenswaardige vrouw
Voor Gabi en Jake, met liefs als altijd

Inleiding

In 1933 kwam de nazi-partij, onder leiding van Adolf Hitler, in Duitsland aan de macht. Hitler was een wrede dictator die geloofde dat de Duitsers behoorden tot een superieur ras. Daarom was zijn doel die mensen die hij als 'inferieur' ofwel minderwaardig beschouwde, en dan met name de Joden, uit te roeien. Ook vervolgde hij de Roma (destijds 'zigeuners' genoemd), de gehandicapten en iedereen die het met hem oneens was. Zijn groter doel was om Europa te veroveren en daarna de hele wereld.

Hij begon zijn verovering door op 12 maart 1938 Wenen, de hoofdstad van Oostenrijk, binnen te vallen. In september 1939 viel Duitsland Polen binnen en begon de Tweede Wereldoorlog. Vóór de oorlog waren de Joodse gemeenschappen in Europa groot in aantal en vol vuur. Er waren veel Joodse scholen, bibliotheken, synagogen en musea. In elk Europees land speelden Joden als componist, schrijver, atleet en wetenschapper een belangrijke rol in het culturele leven. Maar de oorlog bracht de Joodse burgers regels en beperkingen. Joods grondgebied werd geconfisqueerd. Het was Joden niet toegestaan universiteiten en hogescholen te bezoeken, ze werden uitgesloten van de meeste beroepen en werden gedwongen een gele Davidster op hun kleding te dragen. Joden werden aangevallen, opgepakt, en hun bedrijven werden afgeno-

Een davidster met daarop het Franse woord voor Jood (Juif).

men. Later werden ze naar gevangenissen gestuurd en naar concentratiekampen waar ze slavenarbeid moesten verrichten; daar werden ze uitgehongerd, gemarteld en vermoord. Toen in 1945 een einde kwam aan de Tweede Wereldoorlog, waren er naar schatting meer dan zes miljoen Joden gestorven of vermoord door toedoen van Adolf Hitler en zijn nazileger.

Daar door de oorlog de Joden in heel Europa steeds verder in het nauw werden gedreven, vluchtten velen van land naar land in een poging een veilig onderkomen te vinden en zo te ontsnappen aan Adolf Hitlers vervolging. Toen Duitsland het noorden van Frankrijk binnenviel, zochten sommige Joden hun heil in het zuiden van dat land, dat bekend stond als 'vrije zone.' De regering van deze 'vrije zone' zetelde in de Zuid-Franse stad Vichy en stond onder leiding van maarschalk Henri Phillipe Pétain.

De Vichy-regering hechtte aan een goede relatie met Adolf Hitler en collaboreerde met nazi-Duitsland in de hoop in ruil een voorkeursbehandeling te krijgen. De Vichy-regering vervolgde actief Joden. Joden die naar Zuid-Frankrijk waren gevlucht om daar veilig te zijn, werden opgepakt en aan de nazi's overgedragen om vervolgens naar concentratiekampen te worden gestuurd. Meer dan 75.000 Joden die in Zuid-Frankrijk worden, werden naar concentratiekampen gestuurd. Van hen overleefden slechts zo'n 2.500 de oorlog.

Daar Hitlers strijdkrachten land na land binnenvielen, een schrikbewind uitoefenden over de bevolking en razzia's hielden onder Joden, waren er maar weinig plaatsen waar het veilig was. Onder de Joden sloeg de wanhoop toe, ze vreesden voor de levens van hun kinderen en van henzelf. Veel ouders werden gedwongen een hartverscheurende beslissing te nemen: iemand te zoeken bij wie ze hun kinderen konden laten onderduiken.

Henri Phillipe Pétain

Joodse kinderen werden ondergebracht in kloosters, op afgelegen boerderijen, op kostscholen en in weeshuizen. Veel christelijke gezinnen waren zo dapper om Joodse kinderen in hun gezin op te nemen, zelfs met gevaar voor eigen leven.

Dit was een andere manier van onderduiken. Vaak namen de Joodse kinderen gewoon deel aan het openbare leven en verschuilden hun identiteit achter nieuwe namen en verzonnen verhalen zoals waar ze geboren waren, hoeveel broertjes en zusjes ze hadden, wie hun ouders waren, zelfs welke taal ze oorspronkelijk spraken. Ze moesten altijd op hun hoede zijn, oppassen met wie ze omgingen en welke antwoorden ze gaven op zelfs de meest onschuldig lijkende vragen. Velen gingen naar de kerk, hielden hun joodse geloof voor zich en leerden vreemde gebruiken en rituelen aan. Ze waren altijd bang, stonden altijd paraat om verder te trekken als gevaar op de loer lag en maakten alleen kans op overleving als ze hun dekmantel bewaarden.

Duizenden Joodse kinderen bleven in leven door zich op deze manier schuil te houden. Eén van hen was Edith Schwalb. Altijd bang trok ze van plaats naar plaats, waarbij ze haar identiteit verzweeg en haar geloof verborg. Dit is haar opmerkelijke verhaal.

Edith Schwalb

HOOFDSTUK 1

Mei 1938
Wenen, Oostenrijk

'Doorlopen, Edith,' drong Vati aan. 'Je moeder zit met het middageten te wachten. We kunnen toch niet te laat komen?'

Edith pakte haar vaders hand stevig vast. Maar Vati nam zulke grote passen dat ze bijna moest rennen om hem bij te houden. Ze verschoof haar schooltas en deed haar best om niet tegen de drommen mensen om haar heen te botsen. Mannen en vrouwen snelden in alle richtingen, zoemend als gigantische bijen. Automobilisten claxonneerden ongeduldig als voetgangers probeerden over te steken. De zon scheen fel op Ediths hoofd en even zou ze niets liever doen dan blijven staan om te genieten van de warme stralen op haar gezichtje.

Wenen in mei betekende bloemen en vogels, geuren en geluiden. Cafés hadden hun deuren opengezet en nodigden klanten uit om binnen te komen en te gaan zitten. Straatverkopers pronkten met hun waren: zoet roomijs en chocolade die je het water in de mond deed lopen; andere verkopers stalden kranten en tijdschriften uit. Winkeletalages stonden vol kleurrijke zomermode. De stad was ontwaakt als een beer die uit zijn winterslaap was gekomen. En Edith wilde het allemaal in zich opnemen. Maar ze moest Vati bijhouden en dat betekende dat ze niet kon blijven staan.

Het was zo'n heerlijke dag en de stad gonsde zo van activiteit dat het nauwelijks bij Edith opkwam hoe gevaarlijk het leven aan het worden was. Het maakte niet uit hoe jong je was, in 1938 was het onmogelijk om in Wenen te wonen zonder te weten dat het in Oostenrijk steeds gevaarlijker begon te worden. Twee maanden daarvoor was Duitsland binnengevallen en de nazi-soldaten hadden dwars door de straten van Wenen gemarcheerd. De Oostenrijkse burgers waren juichend naar buiten gekomen en hadden gezwaaid met vlaggen die waren versierd met swastika's, het embleem van het nazi-leger. Maar Joodse gezinnen zoals dat van Edith juichten niet. Zij fluisterden angstig de naam van Adolf Hitler. Hitler was de leider van nazi-Duitsland en hij haatte Joden. Volgens hem waren ze vies, hebzuchtig en gevaarlijk. Hij zei dat Joden de vijand van Duitsland waren en dat ze moesten worden tegengehouden. Hij had de Oostenrijkers verzekerd dat ze een beter leven zouden krijgen als ze van alle Joden af waren. En nu waren zijn aanhangers

Een bord van de nazi's in de etalage van een restaurant in Wenen waarop staat dat Joden niet welkom zijn.

in Oostenrijk aan de macht en wilden ze iedereen straffen die Joods was. Ze verhinderden de Joodse bevolking de dingen te doen die ze normaal deden, zoals naar parken en speeltuinen gaan, en zelfs bepaalde winkels te bezoeken. Joodse bedrijven werden gedwongen te sluiten of werden overgenomen door nazi-aanhangers.

Sinds de problemen waren begonnen, was Vati, die zich zorgen maakte over haar veiligheid, Edith elke dag van school gaan halen. Edith schudde haar hoofd. Daar wilde ze nu niet over nadenken. Bovendien had ze honger. Ze kreeg altijd honger van school. Haar maag rommelde en ze dacht aan de lunch.

'Hallo, Herr Schwalb,' riep een man die naar Ediths vader zwaaide en zo haar gedachten onderbrak. 'Wat een prachtige wedstrijd was dat gisteravond. Vooral dat laatste doelpunt van u deed het hem.'

Vati glimlachte en zwaaide terug, maar hij hield nauwelijks zijn pas in. Edith was eraan gewend dat vreemden haar vader tegenhielden, hem de hand schudden en zelfs omarmden. Zijn voetbaltalent was in heel Wenen bekend, een stad die van zijn sportmensen... en zijn winnende spelers hield. Vati had hun aandacht nauwelijks in de gaten, maar Edith vond het schitterend.

'Daar is de tram,' riep Vati. 'Kom, Edith. Rennen.'

Hij hield de hand van zijn dochter zo mogelijk nog steviger vast en samen sprintten Edith en haar vader het drukke kruispunt over en sprongen op de open tram. Toen de tram vooruit schoot, greep Vati de reling beet. Edith nestelde zich onder haar vaders stevige arm. Ze vond het heerlijk om zo in de tram te staan. Als Vati haar vasthield, voelde ze zich veilig en geborgen, zelfs als de tram hotste en slingerde. De wind

Een tram versierd met hakenkruisen, het embleem van het nazi-leger, en een groot bord met daarop de aankondiging van een bijeenkomst voor de steun voor de overname van Oostenrijk.

blies haar korte, bruine haar over haar gezicht en ze stak haar hand uit naar de witte band die haar moeder, Mutti, die ochtend bij haar had ingedaan.

'Engerthstrasse!' riep de conducteur even later. 'Pas op bij het uitstappen.'

Met een lenig gebaar sprong Vati eruit en draaide zich om om zijn dochter op te vangen. Edith glimlachte toen ze haar vaders hand vastpakte en ze sprong licht op het trottoir. *Nog een klein stukje lopen en dan mag ik gaan eten,* dacht ze.

Dat was haar laatste gedachte voordat ze werden omsingeld door soldaten.

'Gestapo! Papieren, alstublieft.'

Een lange, grimmige man ging voor Edith en haar vader staan en stak zijn hand uit. Edith verstijfde. Ze had van de Gestapo gehoord. Ze vormden de speciale politiemacht die de bevelen van Hitler uitvoerden en stonden bekend om hun wreedheden ten opzichte van Joden. Nog geen week geleden had een lid van de Gestapo de vader van een vriendin in elkaar geslagen toen hij van zijn werk op weg naar huis was.

'Mijn vader liep alleen maar en bemoeide zich met zijn eigen zaken,' had haar vriendin, Marta, gezegd. 'Maar toen ze hem naar zijn papieren vroegen en zagen dat hij een Jood was, hebben ze hem hard in zijn maag gestompt en hem op de weg laten liggen.'

Toen Vati rustig zijn hand in de zak van zijn colbertje stak en zijn identiteitspapieren eruit haalde, dacht Edith aan Marta's vader.

De Gestapo-agent pakte de papieren aan en keek woest naar de grote 'J' op het voorblad. Edith en haar vader keurde hij nauwelijks een blik waardig. 'Juden! Joden!' mompelde hij.

'Is er een probleem, meneer?' vroeg Vati, terwijl hij beleefd zijn hoed afnam en zich tot de Gestapo-agent wendde.

Voor het eerst keek de man op. Wat was er op zijn gezicht een afkeer te lezen! Edith had nog nooit zoveel haat gezien, en dat maakte haar bang. Maar toen de man haar vader beter bekeek, veranderde ineens zijn gezichtsuitdrukking. Afkeer veranderde in verrassing en vervolgens in herkenning.

Joden worden gedwongen om onder toeziend oog van nazi-soldaten de stoep in Oostenrijk te schuren.

'Herr Schwalb!' riep hij. 'Ik herkende u niet. Ik ben het, Ernst. We hebben nog samen gevoetbald. Ik ben een grote fan.' De man lachte nu.

Vati bleef onbewogen. 'Wat is er aan de hand, Ernst? Is er een probleem?'

Ernst wees naar de ene kant van de straat. Een oude man met een baard en zijn vrouw kropen dicht tegen elkaar, samen met een paar andere mensen, omringd door soldaten die hen met wapens bewaakten. 'Er is een razzia aan de gang,' zei hij. 'We houden Joden aan voor ondervraging. Voordat we ze naar huis sturen, slaan we ze eerst in elkaar, om hun een lesje te leren.' In de groep bevond zich een meisje van Ediths leeftijd en even kruisten hun blikken elkaar. Het meisje zag er doodsbang en hulpeloos uit. Edith keek vlug een andere kant uit. Ernst bestudeerde hun papieren. Toen ging hij rechtop staan en keek om zich heen. Toen er blijkbaar niemand keek, boog hij zich voorover en begon zacht te praten.

Een bord voor een Joods bedrijf in Wenen waarop staat: 'Geen cent voor de Joden.'

'Verlaat Wenen, Herr Schwalb,' fluisterde hij tegen Ediths vader.

'Ik begrijp nie...' begon papa.

'Ga vlug weg!' Hierop duwde de agent de documenten in Vati's handen. 'Gestapo! Papieren, alstublieft,' bulderde hij naar de mensen achter ons in de rij. Edith en haar vader dropen snel af.

'Vati, wat bedoelde die meneer?' vroeg Edith toen haar vader en zij zo ver waren dat niemand hen kon horen. 'Wat moeten we doen?'

'Stil!' antwoordde haar vader op zo'n barse toon dat Edith ervan schrok. Toen keek hij omlaag en legde met een trieste glimlach zijn hand op de schouder van zijn dochter. 'Sorry, lieverd,' zei hij. 'Als we thuis zijn praten we verder.'

'We hebben geen tijd te verliezen,' zei Vati nadat hij het voorval aan Ediths moeder had verteld. 'Als het aan mij ligt, gaan we nu pakken en vertrekken we. Meteen.'

'Maar we kunnen toch niet alles achterlaten?' jammerde Mutti. 'Ons huis, jouw zaak... dat kan gewoon niet!'

'Het is onvermijdelijk,' drong Vati aan.

Op het bord aan de telefoonpaal staat: 'Joden zijn hier niet welkom.'

'Joodse gezinnen zijn uit hun huizen gehaald. En wie weet wat er met hen is gebeurd.' Vati ging dichter bij zijn vrouw staan. 'We hadden vandaag opgepakt kunnen worden, Magdalena. Edith en ik staan hier alleen nog omdat Ernst me herkende. Wat heb ik aan mijn zaak als ik in de gevangenis zit? Wat hebben we aan ons huis als we er niet samen als gezin kunnen wonen? We moeten hier weg.'

Edith stond in de gang naast haar zus, Therese, te luisteren naar hun ouders. 'Gaan we hier weg, Therese?' fluisterde Edith.

Therese legde haar arm beschermend om Ediths schouder. 'Wees maar niet bang, Edith,' antwoordde ze, terwijl ze probeerde zelfverzekerd te klinken. 'Alles komt in orde.' Therese zag er heel jong en onzeker uit, ook al was ze drie jaar ouder dan Edith.

Mutti kwam uit de woonkamer. 'Kom, meisjes,' zei ze. 'Jullie hebben je vader gehoord. We gaan een avontuur tegemoet. We hebben nog heel wat te doen en we hebben weinig tijd.'

Nog geen twee uur later had Mutti kleren gepakt en eten in kleine tassen gedaan. Grote koffers zouden op straat opvallen. Edith en Therese hielpen Mutti door hun rokken, bloezen en truien te pakken zodat zij die kon inpakken. Ze deden vlug wat ze moesten doen en spraken nauwelijks een woord. De knagende honger was bij Edith verdwenen en had plaatsgemaakt voor onzekerheid en verdriet.

Eindelijk waren ze klaar. 'Kies één ding van je kamer uit om mee te nemen, Edith,' zei Mutti.

Eén ding, dacht Edith toen ze voor de laatste keer haar kamer rondkeek. *Eén ding uit al mijn leuke speelgoed, boeken en kleren.* Uiteindelijk viel haar keus op een kleine pop die ze al vanaf haar geboorte had en die een cadeautjes was geweest van haar lievelingsoom, David. De pop heette Sophie. Ze had oude kleertjes aan die hier en daar kapot waren, en in de loop van de jaren was ze ook het grootste deel van haar haren kwijtgeraakt; maar ze was nog steeds Ediths dierbaarste bezit.

De prachtige lentedag was omgeslagen in een lelijke, en Ediths hart voelde koud en leeg aan. Toen het gezin hun huis achterliet, niet wetende of ze er ooit zouden terugkeren en zo ja, wanneer, hield Edith Sophie stevig vast.

Edith en haar familie

HOOFDSTUK 2

Mei 1940
België

Er werd op de deur gebonsd en Edith schrok wakker uit een diepe slaap. Ze trok de dekens op tot aan haar kin en kroop dichter tegen Therese aan op de slaapbank waarop ze samen lagen. Misschien had ze het gebons gedroomd. Maar even later werd er weer gebonsd.

'Open de deur,' brulde een boze stem.

Dit was geen droom. Vati stond meteen bij de deur. Hij hield zijn ochtendjas, waaronder zijn pyjama zat, krampachtig vast en streek zenuwachtig met zijn hand door zijn verwarde haar.

Mutti stond vlak achter hem. 'Niet opendoen,' fluisterde ze. Maar Vati haalde diep adem en deed de deur open.

Drie Belgische politiemannen in uniform kwamen het kleine appartement binnen. Twee van hen waren gewapend. De derde bleef staan op enkele tientallen centimeters afstand van Vati. 'Chaim Schwalb?' vroeg hij op gebiedende toon.

'Ja,' antwoordde papa kalm. Zelfs als hij met gevaar werd geconfronteerd, toonde Vati geen angst.

Edith ging rechtop in haar bed zitten en wreef in haar

Ediths ouders:
Magdalena en
Chaim Schwalb

ogen, maar ze zag alleen dat Vati oog in oog met de politieman stond. 'Wat wenst u, meneer?' vroeg Vati beleefd.

'U bent aangehouden,' blafte de politieman. 'We nemen
alle mannelijke Joden mee voor ondervraging.' Hij gooide het
woord *Joden* eruit alsof het vergif was. 'Vijf minuten om aan
te kleden.'

Vati knikte. Het was net alsof hij dit had verwacht. Hij
loodste Mutti mee naar achteren, naar het enige slaapkamer-
tje dat het appartement rijk was. Edith en Therese gingen hen
snel achterna en deden de deur achter zich dicht.

'Maak je geen zorgen,' zei Vati. 'Ik weet zeker dat dit niets is. Ik ben snel weer thuis.' Maar hij pakte een paar truien en trok ze allemaal over elkaar aan alsof hij verwachtte een hele tijd weg te zijn en hij er zeker van wilde zijn dat hij geen kou zou lijden.

'We hadden weg moeten gaan,' fluisterde Mutti. 'Toen Hitler België binnenviel, hadden we kunnen weten dat het slechts een kwestie van tijd zou zijn voordat de soldaten op zoek gingen naar Joden. Het is net als in Oostenrijk.'

Edith drukte haar handen tegen haar oren. Ze wilde dit niet horen. Ze wilde niet meer zo bang zijn. De laatste keer dat ze zo bang was geweest, was toen ze uit Wenen waren gevlucht. Ze hadden er meer dan een week over gedaan om de Belgische grens te bereiken, een krankzinnige reis met auto's, vrachtwagens, en wandelingen waaraan geen einde kwam, meestal 's nachts. Ze trokken vooral door het bos en ze waagden zich alleen op wegen om een lift te vragen aan een voorbijkomende boer als Vati ervan overtuigd was dat het veilig was. Hij was altijd op zijn hoede. Werden ze gevolgd? Vermoedde iemand dat ze een Joods gezin waren?

Hoe wist Vati waar ze naartoe konden en wie ze konden vertrouwen? Edith had het nooit gevraagd maar keek zwijgend toe als Vati vreemde mannen geld gaf die dan in een onduidelijke richting wezen. Dan knikte hij en ging het gezin verder, waarbij Ediths jas bij elke stap die ze zette tegen haar heup kwam. Voordat ze uit Wenen vertrokken, had Mutti een zakje in de voering van de jas gestikt. Daar had ze al hun geld in gedaan en ook haar parelsnoer, ring met robijn, ivoren broche en een paar zilveren lepels. 'We zullen geld nodig hebben om van rond te komen, dus zorg goed voor je jas, Edith,' had Mutti gewaarschuwd.

Overdag sliep het gezin meestal in verlaten boerenschuren

om dan pas na het donker tevoorschijn te komen om de reis voort te zetten. Maar op een dag had Vati geen veilige plek kunnen vinden om te slapen. De zon was al aan het opkomen: ze hadden geen andere keus dan ergens om onderdak te vragen. Edith en de anderen keken vanuit het bos toe hoe Vati op de deur van een boerenwoninkje klopte, zijn hoed afzette en met de boer praatte. Toen gebaarde hij naar Mutti. Zwijgend stak ze haar hand in de voering van Ediths jas en haalde er voorzichtig het parelsnoer uit. Papa overhandigde het snoer aan de boer, die naar de schuur wees en vervolgens de deur van het huisje dichtdeed. Het was een hele verantwoordelijkheid om de kostbare stukken van de familie te dragen, en Edith was dan ook trots, maar ook bang.

Zo bang ze zich hun hele reis ook had gevoeld, ze had er steeds op vertrouwd dat Vati ervoor zou zorgen dat er niets met hen gebeurde. En dat had hij ook gedaan. Tot nu. Maar toen ze haar vader een paar persoonlijke spullen zag pakken voor de gevangenis voelde ze een andere, overweldigende angst. Edith keek even naar Therese, die Gaston, haar kleine broertje, vasthad, die geboren was vlak nadat het gezin in Brussel was aangekomen. Zelfs hij leek de ernst van hun situatie te begrijpen; zijn ogen waren twee ronde manen, zijn handjes tot knuistjes samengebald.

'Opschieten, Jood!' riep de soldaat. Mutti rende de keuken in, pakte wat brood en salami en stopte het in Vati's hand. 'Neem mee. Je moet op krachten blijven,' zei ze. 'Ik haal je eruit, dat beloof ik.' De soldaten lachten en duwden Vati voor zich uit de deur uit.

In het appartement stond iedereen als aan de grond genageld. Edith kon amper aan adem komen. Wat gebeurde er? In Brussel wemelde het van de Joodse gezinnen zoals dat van

Edith. Het zou hier veilig moeten zijn. Het leven zou zijn normale gang moeten gaan. En dat was zo ook geweest. Edith en Therese waren naar school gegaan. Vati had een baantje gevonden waarbij hij gezinnen tijdens speciale gelegenheden moest fotograferen. Het leverde niet veel op, maar het was voldoende om eten te kopen en de huur van hun kleine appartement te kunnen betalen. Mutti, Vati en Gaston sliepen in de kleine slaapkamer. Edith deelde de bedbank die in de voorkamer stond met Therese. Ze hadden allemaal goed geslapen, tot de nazi's ook België binnenvielen. Vanaf dat moment sliep geen enkele Jood meer rustig, en zelfs Edith wist dat haar familie weer gevaar liep.

Terwijl ze zich aankleedde en nog wat kleren voor Vati pakte, rende Mutti door het appartement. Ten slotte stak ze haar hand onder het matras van het bankbed en haalde een bundeltje geld tevoorschijn. Toen ze in het appartement waren getrokken, was het zakje uit de voering van Ediths jas gehaald. 'Nu hoef je het niet meer te dragen, Edith,' had Vati grinnikend gezegd. 'Nu kun je erop slapen!'

Mutti stopte het geld in haar portemonnee. 'Ik kom zo snel mogelijk terug.'

'Wat gaat u doen?' vroeg Therese.

Mutti schudde haar hoofd. 'Ik weet het nog niet, maar met geld kun je de hele wereld kopen. Ik ga Vati vrijkopen.' Haar gezicht had een vastberaden uitdrukking. Ze gaf de kinderen een kus op hun hoofd. Met haar vingers raakte ze even Ediths wangen aan. 'Blijf bij elkaar en blijf binnen,' zei ze. 'Therese, jij bent de baas.' Toen deed Mutti de deur open en verliet ze het appartement.

'Wat gebeurt er allemaal, Therese?' vroeg Edith.

'Alles komt in orde. Mutti is heel slim. Ze bedenkt wel iets.'

Edith, haar ouders, Therese en Gaston in België, 1940

Therese was elf, al bijna groot, dus zij zal het wel weten, dacht Edith. Maar Therese was de afgelopen twee jaar zo stil geworden, zo ernstig en teruggetrokken dat Edith er niet zeker van was of het Mutti wel zou lukken Vati te helpen.

Edith vatte post bij de deur en luisterde of ze geen vertrouwde voetstappen op de trap hoorde. 'Kom, Edith,' smeekte Therese. 'Ik zal thee zetten en dan gaan we samen lezen.' Maar Edith schudde haar hoofd. Toen ze eindelijk de voordeur hoorde opengaan, gooide Edith de deur open en rende de gang in. Het was Mutti, maar ze was alleen.

'Ik ga het morgen weer proberen,' kondigde Mutti aan. 'We hebben het er nu niet meer over.'

Edith lag die avond urenlang te woelen. Toen ze eindelijk in slaap viel, droomde ze dat ze met hun gezin weer door het bos liepen. 'Doorlopen, Edith,' riep Vati door de donkere nacht.

Het was alsof er aan die wandelingen geen einde kwam en ze ploeterde door het bos en probeerde bij te blijven. In de maat van haar voetstappen bonsde Ediths jas tegen haar benen. 'Vati, ik ben zo moe. Mijn benen doen pijn,' had ze gejammerd. Uiteindelijk, toen ze voelde dat ze geen stap meer kon verzetten, had Vati haar hoog op zijn schouders getild. Ze had haar handen onder Vati's kin gevouwen en haar wang op zijn hoofd gelegd.

Ineens veranderde haar droom. Ze bevond zich nog steeds in het bos, maar nu werd het gezin omsingeld door nazi-soldaten. 'Rennen, Edith!' Vati's stem klonk scherp en ernstig. Haar beentjes beefden en ze had het gevoel dat haar longen uit elkaar zouden klappen. Vati bleef achter tussen zijn gezin en de soldaten, en hij duwde zijn gezin voor zich uit. Edith draaide zich om om te kijken, maar haar vader was nergens te zien. *Vati! Vati!*

Edith schoot overeind. Haar voorhoofd was nat van het zweet en haar hart bonsde. Had ze het uitgeschreeuwd? Dat kon niet, want Therese lag nog steeds te slapen. Toch had de droom zo echt geleken! Vati was verdwenen en Edith was alleen geweest. Ze haalde diep adem. De droom was maar een droom. Vati zou terugkomen. Ze moesten gewoon geduld hebben. Daar moest ze zich aan vasthouden.

Het gezin stond die ochtend vroeg op, kleedde zich aan en ontbeet in stilte. Toen verliet Mutti het appartement; Therese moest voor Edith en Gaston zorgen. Edith las met haar zus en speelde zwijgend met Gaston, zonder daarbij de deur uit het oog te verliezen en vurig te hopen dat als Mutti thuiskwam, Vati erbij was.

Op de derde dag werden Ediths gebeden verhoord.

'Vati!' schreeuwde Edith, en ze wierp zich in haar vaders

armen. Hij bukte zich om de kinderen te omhelzen. Hij zag er bleek en vermoeid uit.

'Wat is er met u gebeurd, Vati?' wilde Edith weten. 'Hebben de soldaten u pijn gedaan? Mutti, hoe hebt u Vati vrij gekregen?' Haar vader schudde alleen maar zijn hoofd.

Het enige wat Mutti kwijt wilde, was: 'Ik heb jullie toch gezegd dat met je met geld de hele wereld kunt kopen. Het is maar goed dat je dat van ons zo goed hebt bewaard, Edith.'

Edith straalde helemaal, maar haar opwinding was van korte duur. Vati nam dankbaar de thee aan die Therese hem gaf en kondigde toen aan: 'We moeten België verlaten. Morgen vertrekken we.'

Edith was niet verbaasd. Ze wist dat haar vader geluk had gehad dat hij was vrijgelaten. Het gezin moest snel verdwijnen, voordat weer iemand kwam om hem op te pakken.

'Waar gaan we heen?' vroeg Therese. 'Zijn er veilige plekken voor Joden?' Het ene na het andere land hadden de nazi's geannexeerd, niet alleen België, maar ook Polen, Hongarije, Denemarken, Spanje en Italië. Waar konden ze naartoe?

'Frankrijk,' zei Vati. 'In de gevangenis heb ik van een paar mensen gehoord dat het Rode Kruis hier in Brussel Joden de grens met Frankrijk over helpt.'

'De nazi's zitten al in Parijs en in het noorden, maar in het zuiden is er een streek die niet bezet is. Het is daar veilig... hebben we gehoord.' Mutti probeerde haar onzekerheid te verbergen en sloeg haar ogen neer.

'Het komt allemaal goed,' zei Vati. 'Is het dankzij jullie verstandige moeder tot nu toe niet goed gegaan?'

Edith wendde haar blik af. Ze voelde zich niet erg op haar gemak. Haar ouders boden niet meer dan lege beloften. En ze was het vluchten beu. Daar kwam bij, als België onveilig was geworden, kon dat dan ook niet met Zuid-Frankrijk gebeuren?

'Kom op, allemaal,' zei Vati. 'We moeten gaan pakken en wat zien te slapen. Morgen wordt het een lange dag.' Hij boog zich voorover om Edith teder een kus op beide wangen te geven. Hij deed hetzelfde met Therese en Gaston.

Het laatste wat Mutti die avond deed, was de resterende waardevolle spullen van onder het matras vandaan halen. Ze zouden weer in Ediths jas worden genaaid.

Later die avond stapte Edith in bed. Haar hoofd tolde. Misschien was het in Frankrijk veilig. *Misschien komt er dan een einde aan het vluchten. Misschien is de oorlog binnenkort voorbij.* Ze geeuwde en kroop dichter tegen Therese aan. *Misschien zal Therese dan ook weer lachen.*

HOOFDSTUK 3

Februari 1943
Beaumont-de-Lomagne
Frankrijk

'Opschieten, Edith' riep Therese ongeduldig. 'Rennen! Dadelijk komen we nog te laat op school.'

Mijn hele leven lang krijg ik al te horen dat ik moet opschieten, dacht Edith, die net deed of ze het niet hoorde. Ze was het vluchten beu, eerst uit Wenen, daarna uit België. Toen ze twee jaar geleden hier in het zuiden waren gekomen, had Mutti het een 'vrije zone' genoemd. Maar echt vrij was het niet. President Pétain dacht dat zijn mensen beter zouden worden behandeld als hij met de nazi's samenwerkte en Joden zou vervolgen. Joodse bedrijven en eigendommen werden overgedragen aan de nazi's. Joden waren hun werk kwijtgeraakt en waren in veel winkels niet meer welkom of mochten na het donker niet meer de straat op. Desondanks zat de familie hier in het plaatsje Beaumont-de-Lomagne veilig. Maar eind 1942 breidde Hitler de bezetting uit naar Zuid-Frankrijk en Joodse mannen werden opgepakt.

Voor de zoveelste keer vroeg Edith zich af wat er met Vati was gebeurd. Het enige wat ze wist, was dat hij weg was. Sol-

daten hadden 's avonds laat bij hen aangeklopt, net als in België. Mutti had de soldaten gesmeekt Vati niet mee te nemen;
Therese en Edith hadden bevend achter haar gestaan, snik-
kend met Gaston in hun armen. Maar de soldaten negeerden
Mutti's smeekbeden en Vati kon haar nog snel een kus geven
voordat hij het huis uit werd geleid.

'Dit is het laatste van mijn sieraden,' had Mutti gezegd,
terwijl ze naar de ring in haar hand staarde. Edith was al
lang uit haar jas gegroeid, maar de kostbaarheden van het
gezin werden er nog steeds in verborgen. 'Het gevangenkamp
is vlakbij. Ik ga proberen Vati vrij te krijgen.'

Dag na dag zat Edith aan de deur te wachten tot haar
vader het pad op kwam lopen en haar naam riep. Maar dat
gebeurde niet. Mutti kwam elke dag alleen en met lege handen terug. Edith schudde haar hoofd en probeerde het beeld
van haar vader toen ze hem voor het laatst had gezien uit
haar gedachten te zetten. *Ik weet dat Vati terugkomt,* hoopte ze
vurig. *Ik weet dat we weer bij elkaar zullen zijn.*

'Edith, als je niet doorloopt, laat ik je hier achter,' riep Therese.

'Dat mag je niet!' riep Edith terug. 'Dat ga ik aan Mutti
vertellen.'

'Als ik niet op tijd op school ben, kan ik niet meedoen
aan het toelatingsexamen voor de volgende klas. Alsjeblieft,
Edith. Dan zal ik een week lang je bed opmaken. Loop nou
eens gewoon door.'

Soms haatte Edith het dat Therese zo goed kon leren. Ze
waren zo vaak verhuisd en hadden zo veel lessen gemist en
toch ging Therese elke keer op haar sloffen over, terwijl Edith
hard moest zwoegen. Het kon haar dan ook helemaal niet
schelen dat ze niet op tijd op school kwamen.

'Wat wil je worden als je groot bent, Therese? Je bent zo slim. Misschien moet je advocaat worden of ingenieur. Of onderwijzeres en er dan voor zorgen dat het op school leuker wordt voor kinderen zoals ik.'

De twee meisjes baanden zich slingerend door de smalle straatjes van Beaumont-de-Lomagne een weg de heuvel op.

Therese streek haar rode krullende haar naar achter. Die had ze geërfd van Mutti, net als haar lichte, zachte huid; op allebei was Edith jaloers. 'Wat voor nut heeft het om aan de toekomst te denken,' snauwde Therese. 'We mogen blij zijn dat we nog naar school kunnen.'

Dat klopte. Edith wist dat elders aan Joodse kinderen geen onderwijs werd gegeven. Ondanks dat moest Edith toch zuchten. 'Wat ben je somber, Therese. Ik denk altijd aan wat ik ga worden als de oorlog voorbij is.'

'Dat meen je niet, Edith. De oorlog gaat nooit voorbij.'

'Hoe kun je zoiets nu zeggen?'

'Omdat het waar is,' snauwde Therese. 'Omdat ons niets goeds is overkomen en dat ook niet zal gebeuren.'

'Ik luister niet meer naar jou,' zei Edith. 'Aan de oorlog komt een einde en dan komt Vati terug.'

'Hou op! Klets niet zo,' beval Therese. 'Je weet heel goed dat Joden die gearresteerd zijn naar concentratiekampen worden gestuurd. Dat heeft Mutti ons zelf gezegd.'

Edith wendde zich af. Ze had over de concentratiekampen gehoord, afschuwelijke plaatsen waar gevangenen soms werden gemarteld en vermoord.

'Wees reëel, Edith. Waarschijnlijk is Vati daar nu,' vervolgde Therese. 'Dus vergeet die toekomst maar. Ik ben het beu om naar jouw gekke fantasieën te luisteren.'

De koude wind blies dwars door Ediths jas heen en rukte de

sjaal van haar hoofd. Hoe haalde Therese het in haar hoofd dat Vati niet thuis zou komen! En Edith was helemaal geen dromer. Ze wilde gewoon de hoop niet opgeven. Maar Therese was al weg gebeend naar haar vriendin, Ida, die een stukje voor hen op het pad liep. Edith ging dichterbij om hun geheim af te luisteren.

'Heb je het al gehoord?' vroeg Ida. 'Ze hebben nog meer Joden opgepakt.'

'Maar ze hebben alle mannen al meegenomen,' fluisterde Therese. 'Denk je dat ze ons ook komen halen?'

'Ik weet het niet. Maar mijn moeder wil het risico niet meer nemen.' Ida sprak nu nog zachter en Edith moest haar oren spitsen om haar te horen. 'Ik ga weg.'

'Weg! Waar naartoe?' riep Edith.

'Sst...' Ida en Therese keken haar dreigend aan.

'Waar ga je naartoe?' Ditmaal fluisterde Edith.

'Mijn moeder heeft iets over een huis gehoord. Dat staat in Moissac, een plaatsje ten noorden van hier. Het is een huis dat gefinancierd wordt door de Joodse padvinderij in Frankrijk en het zou er veilig zijn.'

'Maar als het hier gevaarlijk is, waarom zou het daar dan niet zijn?' antwoordde Therese.

Ida schudde haar hoofd. 'Nee. Ze nemen al verscheidene jaren Joodse kinderen op, en ze weten hoe ze ons moeten beschermen.'

'Wie zijn *zij?*' vroeg Edith.

'Shatta Simon en haar man, Bouli. Zij hebben daar de leiding. Luister, Therese,' vervolgde Ida, 'je moeder moet eens met Shatta gaan praten, dan hoort ze hoe het zit. Maar neem maar van mij aan, we moeten iets doen anders zijn wij de volgenden die worden opgepakt.'

Joodse padvinders van de Eclaireurs Israélites de France op een heuvel.
Deze organisatie sponsorde het huis in Moissac.

Ediths hoofd tolde. Ze wilde niet nog eens op de vlucht. Ze wilde ergens blijven, en met haar familie. Het was toch te gek dat ze de hele tijd moesten vluchten en alleen omdat ze Joden waren.

Een volgende koude windvlaag blies tegen Ediths gezicht en ze trok haar sjaal weer over haar hoofd. Therese pakte Ediths hand en kneep er geruststellend in.

'We hoeven toch weer niet weg, hè, Therese?' vroeg Edith.

Therese haalde diep adem. 'Denk er nu maar niet aan, Edith,' antwoordde ze. 'Na school zullen we het er met Mutti over hebben.'

HOOFDSTUK 4

Het besluit

Na het eten maakte Mutti haar besluit bekend. Tot verrassing van de meisjes had ze al van het huis in Moissac gehoord.

'Ik heb hier al een tijdje over zitten denken en ik probeerde een manier te vinden om het jullie te vertellen,' legde Mutti uit. 'Misschien is het goed dat jullie nu zelf van dit veilige adres hebben gehoord. Al vanaf de arrestaties weet ik dat we hier weg moeten en een veiliger onderkomen moeten zoeken.'

Edith hield haar adem in, want ze kon haar oren niet geloven.

'Bovendien hebben we geen geld meer,' vervolgde Mutti, 'en ik zou niet weten hoe ik ons vieren moet onderhouden. Een stad verder hebben twee gezinnen ingestemd om Therese en mij op te nemen. Gaston en jij gaan naar Moissac.'

'Maar ik wil niet weg,' huilde Edith. Natuurlijk was Mutti niet echt van plan haar weg te sturen. 'Ik ga niet weg, Mutti. Alstublieft, zeg dat ik bij u mag blijven.' Edith keek wanhopig om zich heen, maar Therese meed haar blik. Gaston zat lusteloos en stil te tekenen op een stukje papier.

'Ik heb geprobeerd andere manieren te bedenken, Edith. Maar dit is de beste oplossing.' Mutti was vastberaden.

'Maar als we allemaal weggaan, hoe weet Vati dan waar we zijn als hij terugkomt? We moeten hier op hem blijven wachten.' Edith wist dat ze zich aan de laatste strohalm vastklampte, maar ze wilde koste wat kost blijven.

Mutti gaf geen antwoord.

'Maar waarom kunnen we niet gewoon samen ergens anders naartoe?' Edith was niet van plan het op te geven. 'Of waarom kan Therese niet naar Mossac?'

Mutti streek over Ediths wang. Het jarenlange vluchten had Mutti verzwakt. Haar mooie gezicht zag er afgetobd en moe uit. De twinkeling die altijd haar ogen hadden opgelicht, was vervaagd. 'Ik heb geprobeerd om een plek voor ons vieren te vinden, Edith. Geloof me, ik heb het geprobeerd. Maar wie wil een moeder met drie jonge kinderen? Niemand! Als mensen erop worden betrapt dat ze Joden helpen, dan worden ze samen met ons opgepakt. Ik mag blij zijn dat ik een huis voor Therese heb gevonden. Ze is oud genoeg om te werken en zelf de kost te verdienen.'

'Ik kan werken, Mutti,' huilde Edith. 'Ik ben sterk en vlug. Alles wat Therese kan, kan ik ook.'

Mutti wilde haar armen om haar dochter slaan, maar Edith duwde haar weg.

'U houdt niet van me!' schreeuwde Edith. 'U houdt meer van Therese dan van mij. Daarom blijft zij bij u. Daarom stuurt u mij weg. Vati zou me nooit wegsturen.'

Edith snikte en haalde wild naar haar moeder uit. Mutti pakte Edith bij haar armen en trok haar teder tegen zich aan. Ediths snikken gingen over in een zacht gejammer en toen Mutti haar wiegde, werd ze stil.

'Ik doe dit *omdat* ik zoveel van jullie hou,' fluisterde moeder terwijl ze over Ediths haar streek. 'Ik wil ook niets liever dan dat je vader hier was. Ik zie het ook graag anders. Maar neem van me aan dat ik probeer te doen wat het beste voor ons allemaal is. Zodra alles rond is, ga ik met Gaston en jou naar het huis in Moissac.'

HOOFDSTUK 5

Maart 1943
Afscheid van Mutti

'Iedereen hier in Moissac weet dat we Joods zijn. Het hele dorp zorgt ervoor dat ons geheim niet uitlekt!'

Edith kon haar oren niet geloven. Zelfs Gaston, die naast haar zat met zijn tasje met kleren stevig vastgeklampt, leek te begrijpen dat er iets verbazingwekkends werd gezegd.

'Alstublieft, Madame Simon,' zei Mutti. 'Vertel nog eens hoe u de kinderen beschermt.'

'Zeg maar Shatta. Dat doet iedereen. We zijn hier één grote familie,' antwoordde de directrice warm. 'Sinds 1939 bieden we in dit huis Joodse kinderen bescherming, en in andere soortgelijke huizen in heel Frankrijk. Onze kinderen zijn uit diverse landen afkomstig: Frankrijk, België, zelfs Duitsland. Ze zijn allemaal gescheiden van hun ouders. Dus, Edith, mijn kind, je ziet dat je niet alleen bent.'

Edith wist niet of ze het wel zo leuk vond om 'mijn kind' genoemd te worden door deze vreemde die achter een groot, houten bureau zat. Shatta Simon was een jonge vrouw van begin dertig. Ze had donker, golvend haar en donkere ogen. Ze was lang en nogal indrukwekkend, maar ze had een vriendelijke glimlach, dus Edith was niet bang.

'Kinderen komen naar ons als hun ouders zijn opgepakt en naar de gevangenis of een concentratiekamp zijn gestuurd. In veel gevallen weten we niet eens wat er met hun ouders is gebeurd. Of ouders zoals u, mevrouw Schwalb, die bang zijn om te worden aangehouden en die hun kinderen naar hier hebben gebracht waar ze veilig zijn.'

Edith wendde zich af. Het was al erg genoeg dat Vati was opgepakt. Ze kon de gedachte niet verdragen dat ook Mutti werd aangehouden. Bovendien zou Mutti haar weer komen ophalen. Dat moest gewoon.

'We krijgen geld van de Joodse padvinderij in Frankrijk,' ging Shatta verder, 'en we hangen de opvattingen van de padvinderij aan: wees voorbereid en help je naaste.'

Edith wist niet veel van de padvinderij. In Oostenrijk waren er wel padvinders, maar die waren zelfs nog ouder dan Therese. En van Joodse padvinders had ze nog nooit gehoord.

'Ondanks de daden van de nazi's vormt de Joodse padvinderij een sterke organisatie,' ging Shatta verder. 'Zonder hun hulp zouden we het niet redden. Maar wellicht nog belangrijker is dat we goede banden hebben met de mensen van Moissac.' Shatta boog zich voorover en glimlachte naar Edith. 'De burgemeester is onze vriend. Hij beschermt ons, net als de mensen in het dorp.'

Kon zoiets? Riskeerden de mensen van Moissac, zelfs de burgemeester, hun leven om hun Joodse medemens te helpen? Dit was ongelofelijk, de meeste mensen waren veel te bang om Joden te helpen. Moest Edith nu opgelucht zijn of bang dat Shatta de waarheid niet sprak?

'Je zult me hierin moeten vertrouwen,' vervolgde Shatta, alsof ze Ediths gedachten kon lezen. Maar Edith wist niet wie ze moest vertrouwen: Mutti stuurde haar weg en dat was nog wel het grootste verraad. En Shatta was een volslagen vreemde, die het geheim van de kinderen aan alle andere vreemden in dit dorp had verteld. Waren zij te vertrouwen? Zouden ook de kinderen van Moissac hun mond niet voorbijpraten? Ze kon er geen touw aan vastknopen.

'Kom, Edith, Gaston,' zei Shatta. 'Het is tijd om afscheid te nemen. Onze mensen zullen je naar jullie kamers brengen.'

Gaston klampte zich aan Mutti's hals vast en deed zijn best om niet te huilen toen Mutti in zijn oor fluisterde en hem over zijn haren streek. Daarna gaf Mutti Edith een kus op beide wangen. 'Ik kom op bezoek als ik kan,' zei ze, terwijl ze probeerde haar stem kalm te laten klinken. 'Wees lief.'

Edith kon geen woord uitbrengen; er was ook niets te zeggen. In tranen drukte ze haar moeder tegen zich aan. Haar hoofd begreep waarom Mutti haar verliet, maar haar hart brak. Uiteindelijk maakte Mutti zich voorzichtig los en keek Edith diep in de ogen. 'Vergeet nooit wie je bent,' zei ze. En toen was ze weg.

De bibliotheek in Moissac

Met de rug van haar hand veegde Edith haar tranen weg. Ze wilde niet dat Shatta haar zag huilen. Ze moest sterk zijn. Maar Shatta was al de tel kwijt van de keren dat ze op deze manier afscheid had zien nemen. Ze begreep hoe pijnlijk het was, zowel voor de kinderen als voor hun ouders. Ze gaf Edith een zakdoek en zei: 'Het zal even duren voordat je eraan gewend bent bij ons te zijn, Edith. Ik zal niet beweren dat het makkelijk zal zijn. Maar onze kinderen worden sterk onder onze hoede, als sterke padvinders. Je zult hier veilig zijn en je zult je aanpassen. En ik hoop dat je er het beste van zult maken.' En daarmee nam Shatta Edith mee naar buiten.

Shatta en Bouli Simon

HOOFDSTUK 6

Sarah

Met haar koffertje in haar hand volgde Edith Shatta de trap op, een lange gang door en een grote, heldere slaapzaal in waarin tien bedden stonden die in twee keurige rijen tegenover elkaar stonden.

'Dit is het jouwe,' zei Shatta terwijl ze naar een bed wees dat dicht bij het raam stond. 'Pak je spullen uit en leg ze op deze plank. De meisjes hebben avondactiviteiten, maar ze zullen zo terug zijn. Het toilet en de douche zijn achteraan in de gang. Mocht je iets nodig hebben, dan ben ik op mijn kantoor. Zo niet, slaap wel, Edith. Tot morgenochtend.'

Edith liet zich op haar bed zakken. Ze beet op haar trillende lip, maar huilde niet. De afgelopen paar dagen had ze zoveel gehuild, dat het leek of ze geen tranen meer over had.

Ze hees haar koffer op het bed en opende hem. Op momenten als deze verlangde Edith naar Sophie, maar haar pop was verloren geraakt tijdens een van de vele verhuizingen van het gezin. Mutti had aangeboden een andere pop voor Edith te kopen, maar die zou niet hetzelfde zijn. Bovendien vond Edith nog steeds troost door tegen Sophie te praten.

'Jij bent de enige die weet hoe ik me echt voel,' zei Edith zacht, terwijl ze fantaseerde dat ze haar pop stevig vasthad. 'Ik ben bang, Sophie. Er is niemand met wie ik kan praten en niemand met wie ik herinneringen kan ophalen.' Ze sloot haar ogen en probeerde zich Wenen voor de geest te halen en Vati die na schooltijd op haar stond te wachten. Het kostte haar moeite om het beeld van haar vaders gezicht op te roepen en de speciale glimlach die hij speciaal voor haar had gereserveerd. Ze verlangde ernaar om weer in Brussel te zijn, of zelfs in Beaumont-de Lomagne en samen met Therese verhaaltjes te lezen of naar de muziek te luisteren die Mutti op de platenspeler draaide. Ze probeerde flarden herinnering om te zetten in beelden: hoe zag Vati eruit in zijn voetbaltenue? Hoe zag Mutti's jurk eruit... degene die ze altijd droeg als ze naar de opera ging? Wat waren de namen van haar poppen? Maar de verbanden waren te zwak en braken als een versleten draad.

Edith had net haar trui op de plank gelegd toen ze stemmen dichterbij hoorde komen en voetstappen in de richting van de zaal hoorde hollen. Een stel meisjes rende giechelend door de deur naar binnen en duwde elkaar speels opzij. Toen ze Edith zagen, bleven ze staan.

'Hallo.' Een meisje stapte met uitgestoken hand op Edith af. Edith schudde plechtig haar hand. 'Ik ben Sarah Kupfer,' zei het meisje. 'Jij bent vast Edith Schwalb. Shatta heeft ons verteld dat je vandaag zou komen. Je hebt het bed naast het mijne.' Sarah had mooie, blauwe ogen en lange, blonde vlechten. Ze had ook een warme, vriendelijke glimlach. Edith was opgelucht dat de meisjes wisten wie ze was en een voor een stelden ze zich voor. Ze leken aardig, wat een hele opluchting was; ze leken zelfs gelukkig. Het was zo onwerkelijk: deze meisjes waren allemaal gescheiden van hun familie, en toch leken ze zo blij!

'Ik weet niet waar mijn moeder is,' zei Sarah terwijl ze Edith haar koffer onder het bed hielp duwen. 'Ze is samen met mijn broer ondergedoken, ergens in het oosten. Mijn vader is meegenomen. We weten niet waarheen.'

'Dat is bijna hetzelfde als bij ons gezin!' riep Edith uit. 'Alleen is mijn zus bij mijn moeder. Mijn broertje is hier.'

Sarah knikte. 'Iedereen heeft hetzelfde verhaal, of bijna hetzelfde. Daarom vormen we hier één groot gezin.'

'Dat zei Shatta ook al.'

'Shatta is geweldig,' zei Sarah enthousiast. 'Ze is heel strikt, een soort generaal die ons onder appel houdt. Maar ze is heel aardig en heel slim. Ze heeft hier de leiding en organiseert alle activiteiten. Wacht maar tot je haar man ontmoet, Bouli. Hij lijkt op ieders vader. Maar pas op... hij wil je neus druppelen om de bacillen weg te houden.' Sarah trok haar neus op en lachte. 'En als hij ziet dat je onder het eten met je ellebogen op tafel zit, dan slaat hij hard op de tafel om je manieren bij te brengen. Maar maak je geen zorgen,' voegde ze er snel aan toe toen ze de angstige blik op Ediths gezicht zag. 'Hij is echt heel lief.'

In een andere hoek van de zaal begonnen een paar meisjes te zingen, hun stemmen vormden een harmonieus geheel. 'We hebben hier een koor,' vervolgde Sarah. 'Je zult Henri tegenkomen, de dirigent van het koor. Hij zal je er vast bij willen hebben. En Germaine, onze leidster.'

Edith zweeg even. 'Iedereen lijkt zo... zo gelukkig,' zei ze. 'Hoe kan dat?'

'Toen we hier net waren, konden we geen van allen lachen,' antwoordde Sarah. 'Zelf heb ik me een week lang in slaap gehuild. Maar denk eens wat daar buiten aan de hand is! Beter dan hier kun je niet zitten.'

Edith knikte. Buiten waren de aanhoudingen, beperkingen, gevangenissen en mensen die haar haatten. Maar kon het hier dan echt zo anders zijn? Was de oorlog echt nog niet tot Moissac doorgedrongen?

'Heeft Shatta je verteld dat de mensen in Moissac weten dat we Joden zijn?' vroeg Sarah. 'Iedereen: kinderen, volwassenen en alle ambtenaren uit het dorp. Kun je je dat voorstellen? Als de nazi's erachter komen dat wij hier zijn, dan loopt het hele dorp gevaar, niet alleen wij. Daarom zal niemand ons verraden! De bevolking van Moissac is geweldig! We delen allemaal hetzelfde geheim!' Sarahs gezicht glom van voldoening bij deze schitterende samenzwering. Edith kon alleen haar hoofd maar schudden van verbazing.

Toen de meisjes klaar waren om naar bed te gaan, verscheen Germaine, hun leidster.

'Ik kom het licht uitdoen, meisjes, en kennismaken met ons nieuwe gezinslid. Welkom, Edith,' zei ze hartelijk. 'Sarah

Een groep Joodse vrouwelijke padvinders uit het huis in Moissac

zal je vast al heel wat nuttige dingen hebben verteld.' Sarah grinnikte. 'Ik ben de leidster van deze zaal. Ik zal je helpen om je te installeren en ervoor zorgen dat je alles hebt wat je nodig hebt.'

Maar het enige wat Edith nodig had, was haar familie, en deze jonge vrouw, die niet veel ouder was dan Therese, kon daar niet voor zorgen.

Edith kon alleen maar knikken. Ze was te uitgeput om te praten. Ze kroop onder haar deken en pakte haar kussen, terwijl ze zich vastklampte aan een kleine strohalm: *iedereen is hier net als ik. Zouden ze ook familie voor me worden?* Het was te vlug om daar al iets van te zeggen; maar zelfs nu het donker was, voelde Edith zich op de een of andere manier veilig op deze vreemde plaats. Ze hoopte en bad dat het zo zou blijven en dat er aan het vluchten een einde kwam. Ze dacht aan Mutti en Vati en hoopte dat zij ook veilig zouden zijn. Dat was haar laatste gedachte voordat haar ogen dichtvielen voor de nacht.

HOOFDSTUK 7

Het huis in Moissac

De wekker ging net toen de eerste zonnestralen door het grote raam naar binnen schenen. Edith opende haar ogen, rekte zich uit en ging rechtop zitten. Ze kon zich niet herinneren ooit zo lekker te hebben geslapen! Toen dwaalden haar gedachten af naar Mutti, maar al snel vermande ze zich: ze moest zich richten op het heden.

Sarah was al bezig haar bed op te maken en vouwde haar deken zorgvuldig over de lakens en schudde haar kussen op. 'Goedemorgen,' zei ze. 'Maak je bed op, dan laat ik je zien waar de badkamer is.'

Tegen een wand van de badkamer bevond zich een rij wastafels. Boven elke wasbak hing een handdoekje met een kastje erboven. Edith legde haar tandenborstel en kam in één ervan. Ze gooide warm water in haar gezicht en waste met een washandje met zeep het vuil eraf. Aan weerskanten van haar waren meisjes met elkaar aan het kletsen terwijl ze zich wasten. Op weg terug naar hun zaal begroette Sarah diverse jongens en meisjes van de andere zalen en stelde hen voor aan Edith.

'Hallo, Suzanne,' zei ze. 'Goedemorgen, Eric. Dag Eve. Dit is Edith Schwalb. Ze is hier pas.'

Zelfs Ida, die Edith als eerste over Moissac had verteld, was er om haar te begroeten. 'Ik ben blij dat je het hebt gehaald,' zei Ida.

Alle jongens en meisjes kwamen langs om Edith goedendag te zeggen en te verwelkomen. Iedereen was even aardig. Iedereen lachte en begroette haar. Het was een bemoedigende start van haar eerste dag.

Terug op hun zaal kleedden de meisjes zich snel aan en begonnen aan hun karweitjes. Iedereen had een taak: een meisje veegde de vloer met een grote veger die achter de deur stond; Sarah pakte een doekje en stofte het raam en de ledikanten af; een ander zette de bedden keurig in een rij.

Germaine kwam de kamer binnen en vroeg: 'Hoe heb je geslapen, Edith?'

Edith haalde haar schouders op. 'Beter dan ik gedacht had.'

'Mooi,' antwoordde Germaine. 'Vooruit, pak een doekje. Hoe eerder we met de karweitjes klaar zijn, des te eerder we kunnen gaan ontbijten.'

Eten! Edith had plotseling enorm veel honger. Voordat ze thuis waren vertrokken, was haar maag van streek geweest en had ze vrijwel niets van Mutti's soep kunnen binnenhouden. Nu haar maag rommelde, gaf dat haar moed om een stofdoek te pakken en Sarah te helpen met stoffen.

Uiteindelijk waren de karweitjes gedaan en vormden de meisjes een rij om de trap af te gaan, de eetzaal in.

Zo'n honderd meisjes en jongens en hun leidsters stonden aan hun tafels toen Edith, Sarah en de anderen binnenkwamen. Edith was benieuwd hoe Gaston het maakte. Hij zat in een kleiner huis, een stukje verder, dat speciaal was opgezet voor kleine kinderen. Ze zou zo snel ze kon naar hem toe gaan.

'Aan deze tafel zit onze zaal,' zei Sarah. 'Maar eerst wil ik dat je kennismaakt met Bouli.' Ze nam Edith mee naar een lange, magere man die aan de kant stond en enkele kinderen begroette.

'Bouli,' zei Sarah terwijl ze aan zijn colbertje trok. 'Dit is Edith Schwalb.'

Bouli bekeek Edith nauwkeurig door zijn bril met zwart montuur. Automatisch greep Edith naar haar neus. *Jij druppelt bij mij nergens iets in,* dacht ze. Maar Bouli glimlachte, nam Ediths hand in de zijne en begroette haar hartelijk.

'Ha, Edith,' zei hij. 'Bienvenue! Welkom. We zijn heel blij dat je bij ons bent. Sarah hier is een voortreffelijke gids. Ze zal je vertellen hoe onze dag eruitziet. Maar als je nog iets anders nodig hebt, dan zijn Shatta en ik hier om je te helpen.'

Zijn vaderlijke blik bezorgde Edith een brok in haar keel, maar toch slaagde ze erin hem te bedanken waarna ze naast Sarah aan tafel ging zitten. Het ontbijt was fantastisch: havermoutpap, dikke sneden geroosterd brood met jam en warme koffie met dampende melk en suiker. Terwijl de kinderen aten, liep Bouli door de paden van de eetzaal en deelde, net als Sarah haar had verteld, een fikse tik uit als hij iemand met de ellebogen op tafel zag zitten. Als Bouli in de buurt kwam, gingen de kinderen vlug rechtop zitten, maar ze waren niet bang. Ze glimlachten naar hem en gingen door met eten.

Na het ontbijt voegde Edith zich bij de andere kinderen van haar leeftijd om naar de dorpsschool te lopen. Sarah vertelde haar dat de oudere jongens en meisjes in het huis les kregen, in klaslokalen of in werkplaatsen, waar ze leerden fotograferen, boekbinden of timmeren.

Eenmaal buiten zag Edith voor het eerst het hele drie verdiepingen tellende, grijze, stenen gebouw. Het huis bevond zich in het midden van een straat, Port à Moissac geheten. Het blinkende, koperen huisnummerplaatje waar 18 op stond, glinsterde boven de deur in het vroege ochtendzonlicht. Edith wierp een blik op de ramen boven. Elk raam had een smeedijzeren balkon en twee houten vensterluiken met opgelegd kruispatroon. Aan beide kanten van het voetpad dat van de straat naar het huis leidde, stonden bomen. Aan de overkant van de straat bevond zich een grote brug waaronder de rivier de Tarn stroomde en van waaruit een koel briesje hun richting uit kwam. Edith haalde diep adem en vulde haar longen met frisse lucht. Ze was zo blij om buiten te zijn, ook al was ze op weg naar school.

De kinderen stelden zich twee aan twee op achter een van de leidsters. Sarah pakte Edith bij de hand en leidde haar naar haar plaats. Toen iedereen keurig in een rij stond, stak de leidster haar hand op en begaven de kinderen zich op weg.

Edith kreunde toen ze het kleine schoolgebouw binnenging. *Weer een verandering midden in het schooljaar,* dacht ze, *en nog meer leerstof waar ik niets van begrijp!* Door alle verhuizingen was het steeds moeilijker geworden om de andere leerlingen bij te houden.

'Neem me niet kwalijk, madame,' zei Edith verlegen. 'Ik ben nieuw hier.'

Madame Beaufort staarde Edith enige tijd aan, fronste haar voorhoofd en keek verbijsterd. Toen verzachtte haar gezicht en knikte ze. 'O, dat is waar ook. Het nieuwe meisje. En hoe heet je?'

'Edith Schwalb. Ik moest met u praten.'

'Natuurlijk. Shatta vertelde me dat je hier vandaag zou zijn. Kom. Dan zal ik je jouw plaats eens aanwijzen en dan kun je meteen kennismaken met een paar andere meisje. Kijk niet zo bang, Edith. Niemand zal je bijten!'

De onderwijzeres nam haar mee naar een lessenaar bijna vooraan in de klas. 'Kom maar dicht bij mij zitten,' zei ze. 'Dan kan ik je extra helpen als het nodig is. Ik heb begrepen dat je de afgelopen jaren nogal wat lessen hebt gemist. Maar maak je geen zorgen. Dat haal je wel in.'

Edith was verbluft. De meeste onderwijzeressen hadden onverschillig gestaan ten opzicht van haar problemen op school, maar madame Beaufort was helemaal niet vervelend. Maar dat maakte de stof nog niet eenvoudiger, zo ontdekte Edith toen madame Beaufort haar de rekensommen over-handigde. De getallen duizelden voor haar ogen.

'Vind je het moeilijk?' Een meisje keek over haar schou-der.

Kinderen uit het huis in Moissac op weg naar school.

'Nee,' zei Edith vlug. 'Het lukt wel.' Ze zakte onderuit op haar bank. Het was gevaarlijk om aandacht te trekken. Mutti had haar keer op keer gezegd: bemoei je met niemand, wees onzichtbaar. Maar dit meisje wilde niet weggaan.

'Ik zal je wel helpen,' drong het meisje aan. Ze schoof bij Edith in de bank en duwde haar wat opzij. 'Ik heet Renée,' zei ze. 'Zo moet het.' Vlug legde ze de sommen uit en ze bleef bij Edith zitten tot ze het begreep. Al snel had ze haar taak af.

'Bedankt,' fluisterde Edith.

'Graag gedaan. Ik vind het leuk om iets uit te leggen,' antwoordde Renée. 'Jij bent van het Joodse huis, hè?'

Edith verstijfde.

'Het geeft niet. We weten er allemaal van,' vervolgde Renée nuchter. 'We zijn allemaal hetzelfde, katholieken en Joden. Dat zegt mijn moeder tenminste, en zo denk ik er ook over.'

Edith was met stomheid geslagen. Wat er hier in Moissac aan de hand was, ze wist het niet. De onderwijzeressen waren aardig, de kinderen waren vriendelijk en er was blijkbaar niets aan de hand met Joods zijn. Zelfs de school was misschien wel leuk.

Toen de bel ging om het einde van de lessen aan te geven, fluisterde Edith: 'Sophie, het gaat goed.'

HOOFDSTUK 8

Wees voorbereid

Na schooltijd gingen de meisjes terug naar het huis om hun schooltaken af te maken. Voor het eerst sinds tijden maakte Edith vol zelfvertrouwen haar huiswerk. Toen ze haar laatste stukje had geschreven, ging ze op haar bed zitten en glimlachte trots. *Kon Therese me nu maar eens zien,* dacht ze.

'Ik ben ook klaar,' zei Sarah, terwijl ze haar boek opzijlegde. 'Ik wil je mee naar het koor nemen, maar eerst moeten we nog een paar karweitjes doen. "Eerst werken, dan spelen," zegt Shatta altijd. Wij moeten aardappelen schillen. En,' fluisterde Sarah, 'als we geluk hebben, krijgen we van kokkie iets lekkers. Kom, we gaan!'

De kokkin was een gezette vrouw, die bijna even breed als lang was. Toen Sarah en Edith de keuken binnenkwamen, hing ze met een bezweet gezicht boven een grote pan die op het fornuis stond. Ze moest op haar tenen staan om in de soep te kunnen roeren. Ze had een rood gezicht en haar stem maakte een zacht fluitend geluid terwijl ze zacht een lied zong.

'Sarah, ma petite, mijn lieveling,' riep de kokkin. 'Je bent mijn favoriete, kleine pensiongast en mijn beste hulp.'

Sarah lachte en fluisterde tegen Edith: 'Dat zegt ze tegen

ons allemaal.' Vervolgens draaide Sarah zich weer om naar de kokkin. 'Dit is Edith,' zei Sarah. 'Ze is hier pas.'

'Wat ben je een lieverd!' riep de kokkin, en ze sloeg haar armen zo stevig om Edith heen dat ze bijna stikte. 'Moet je die prachtige, grote ogen eens zien, sprekend mijn jongste. Ik heb er zes, allemaal een geschenk van de Heer.' Ze sloeg een kruis en mompelde een snelle zegen.

Edith onderdrukte een lachje. Het was lang geleden dat iemand haar knap had gevonden. De goedgemutste vrouw had waarschijnlijke een compliment voor alle kinderen, maar dat maakte niets uit; Edith mocht haar meteen.

'Als ik kon, zou ik jullie allemaal mee naar huis nemen,' ging de kokkin verder. 'Maar mijn arme man! Hij heeft het al zwaar genoeg om die zes van ons eten te geven. Hoe zou hij er honderd te eten moeten geven?' De kokkin lachte zo smakelijk dat haar hele lichaam schudde, en Edith en Sarah moesten mee lachen.

'Trek een schort aan, meisjes, en pak allebei een aardappelschilmesje,' zei de kokkin, terwijl ze de tranen uit haar ogen veegde.

In een mum van tijd lag er een grote berg aardappelschillen in de gootsteen. Omdat ze het samen hadden gedaan, was het best een leuk karweitje geweest. Toen Edith en Sarah wilden vertrekken, keek de kokkin hen lachend aan. 'Dachten jullie dat ik het vergeten was?' vroeg ze. 'Voor ieder van jullie een chocoladetruffel.' De meisjes bedankten de kokkin en renden de keuken uit om van hun traktatie te genieten.

'Hallo Sarah,' riep iemand. Sarah en Edith draaiden zich om en keken in het gezicht van een oudere jongen.

'Hallo Eric. Edith, herinner je je Eric nog? Je hebt hem gisteren gezien.'

Edith glimlachte. Ze had zo veel nieuwe mensen ontmoet dat ze niet meer wist wie wie was. Vaag herinnerde ze zich dat ze op de dag dat ze was aangekomen deze jongen in de gang had gezien. Eric was een serieus uitziende jongen van een jaar of zestien met verward, weerspannig haar en de donkerste ogen die Edith ooit had gezien. Hij bekeek haar zo aandachtig dat ze haar blik moest afwenden.

'Eric weet meer dan wie dan ook die ik ken. En hij kan ook bijna alles.' Sarah giechelde. 'Hij is fotograaf, boekbinder en hij staat in de timmerwerkplaats.' Sarah telde Erics prestaties een voor een op haar vingers af.

Eric haalde zijn schouders op. 'Zo'n beetje van alles wat. Dat komt altijd van pas.'

'Heb je hulp nodig?' vroeg Sarah.

Eric had een grote opgevouwen tent op zijn rug en liep helemaal gebukt. Aan zijn riem hingen verschillende potten en pannen. Sarah en Edith pakten de pannen en met z'n drieën brachten ze de uitrusting naar de eetzaal, waar kinderen bezig waren met het oprollen van slaapzakken en opvouwen van tenten. Shatta, die aan de andere kant van de eetzaal stond, keek even op en zwaaide, waarna ze riep: 'Groepsleiders, controleer nauwkeurig alle tenten! Verzeker je ervan dat er geen gaten in zitten. Als je ze bekeken hebt, laat je team ze dan hier op een stapel leggen.'

Eric Goldfarb

54

'Gaan die kinderen kamperen?' vroeg Edith.

Eric grinnikte. 'We zijn klaar om elk moment te kunnen vertrekken. Dat is een van de motto's hier.'

Edith begreep er niets van. 'Waarheen? En waarom snel?'

'Je bent hier pas,' antwoordde Eric, 'dus je hebt nog geen razzia meegemaakt. Maar dat komt nog wel en dan zal je het begrijpen.' Hij vouwde zijn tent uit en boog zich om hem te bekijken.

Sarah keek Edith geruststellend aan. 'We zijn hier echt veilig. Maar de nazi's komen af en toe kijken of er geen Joden zijn.'

Een razzia! De angst greep Edith bij de keel. 'Mijn vader is bij een razzia opgepakt,' zei ze met schorre stem.

'Daarom zijn we ook voorbereid,' antwoordde Eric. 'Kijk eens om je heen: we hebben tenten, slaapzakken, lantaarns, potten, pannen, touw, messen, kompassen, stevige schoenen, rugzakken, kaarten en eten en dat allemaal startklaar.' Eric ratelde uit zijn hoofd het lijstje met kampeerbenodigdheden af. 'Voordat de razzia wordt gehouden, zijn wij al weg.'

'Maar hoe weet je wanneer er een razzia komt?' Edith begon langzaam in paniek te raken. 'En waar gaat iedereen naartoe?'

'We worden gewaarschuwd als de nazi's komen,' zei Sarah kalm. 'De burgemeester van Moissac geeft het door aan Shatta en dan vertrekken we allemaal en gaan kamperen in de heuvels. Als het veilig is, komen we terug.'

Wat had Shatta ook weer gezegd, Edith wist het niet goed meer. Toen Edith nog maar net in het huis was, had Shatta het over de burgemeester van Moissac gehad. Ze zei dat de burgemeester een vriend was en dat hij zou helpen om de Joodse kinderen te beschermen. Had Shatta dan dit bedoeld?

'Maak je geen zorgen. Alles zal duidelijk worden,' zei Eric luchtig en hij ging weg om een paar andere kinderen te helpen. 'Je zult het vroeg genoeg merken.'

Kalm leidde Sarah Edith uit de eetzaal weg. Edith voelde zich als verdoofd. Hoezo moest ze zich geen zorgen maken? Ze wilde er niet achterkomen wat er bij een razzia gebeurde. Ze wilde niet weer moeten vluchten. Plotseling wilde ze hier helemaal niet meer zijn.

Toen Sarah Edith eindelijk voorstelde aan Henri, de dirigent van het koor, stond Edith daar met hangend hoofd en ze zei geen woord. Sarah fluisterde iets tegen Henri, die knikte. 'Ga vandaag lekker zitten, Edith, en luister alleen maar. Dan doe je de volgende keer mee.'

Het koor in Moissac: Henri Millstein, de koordirigent, staat in het midden.
Edith zit in de tweede rij van onder, rechts van Henri's arm.

Edith liet zich op een stoel zakken. Henri nam zijn plaats voor de jongens en meisjes in en bracht een dirigeerstokje omhoog. Gezang vulde de ruimte. Edith wilde luisteren, zich verliezen in de eenvoudige pracht van de samenzang; maar ze was te onrustig. Vanochtend was ze nog wel opgestaan met een gerust gevoel. De kokkin had haar het gevoel gegeven dat ze welkom was en veilig. Nu had ze het idee dat ze uit een raam was gegooid en elk moment de grond kon raken.

Er zaten meer dan honderd kinderen in het huis in Moissac. Hoe zou iedereen op tijd weg kunnen? Toen de nazi's midden in de nacht Vati kwamen ophalen, was er geen tijd om te ontsnappen. Niemand wist dat er een inval kwam. Zelfs als de burgemeester van Moissac hen hier waarschuwde, zouden ze dan toch niet in de val zitten en geen tijd hebben om te vluchten?

Veilige plaatsen waren er op de wereld niet, alleen plaatsen waar je wat langer het gevaar kon mijden. Moissac was een smoes. Mutti had een fout begaan om haar hier naartoe te brengen. Edith deed haar ogen dicht en ademde diep in. Ze voelde zich al in de val zitten. En ze kon geen kant uit. Ze kon alleen maar afwachten wat er ging gebeuren.

HOOFDSTUK 9

Gaston

Het had een paar dagen geduurd voordat Edith einde-lijk bij Gaston op bezoek kon, die in het kleinere huis naast hen zat. Ze had eerder bij hem langs willen gaan, maar haar dagen hadden te vol gezeten en vrije tijd was er niet. Misschien was dat ook wel de bedoeling van Shatta geweest, zodat de kinderen in de zaal een band konden krijgen.

Edith opende de zware, houten deur van het huis en ging de trap op naar de zaal van Gaston op de tweede verdieping. Ze liep zachtjes naar binnen en trof haar broertje liggend op zijn bed aan, al starend naar het plafond.

'Gaston,' fluisterde Edith.

Hij draaide zijn hoofd iets, sprong toen op en sloeg zijn armen om haar heen.

'Edith!' riep hij uit, terwijl hij zich met al zijn kracht aan haar vastklampte, bijna alsof hij bang was dat ze zou ver-dwijnen als hij haar losliet. 'Waar bleef je?'

Ook Edith omhelsde Gaston stevig. Ze nam zich voor er van nu af aan voor te zorgen om vaker bij hem op bezoek te gaan.

'Ik ben er nu, Gaston. Kom, vertel me hoe het met je gaat.'

Zachtjes haalde ze zijn armen van haar hals en nam hem

mee terug naar zijn bed. Ze sprong naast hem op bed en keek in zijn ronde ogen. Gaston was altijd heel speciaal geweest, verwend en verafgood. Vanaf de dag dat hij geboren werd, was Edith blij dat ze een broertje had, nog iemand om mee te spelen en zelfs af en toe de baas over te spelen. Maar ze moest toegeven dat ze ook een beetje jaloers was. Zij was immers haar vaders kleine meid en de jongste van het gezin geweest. Nu was ze vervangen door dit knappe, blonde jongetje. En hij trok ieders aandacht naar zich toe. Gaston was altijd in de weer. Hij zat vol energie en levenslust. Mutti moest hem constant in de gaten houden zodat hij niet van tafel sprong, aan de wandel ging of zich in de nesten werkte. Het was moeilijk voor te stellen dat dit kleine, verdrietige jongetje dat nu voor Edith zat, datzelfde levendige kind was.

Gaston staarde naar zijn zus. Het was net of iemand het licht in zijn ooit zo stralende ogen had uitgedaan. Edith stak haar hand uit om een krul van zijn voorhoofd te vegen. 'Is alles goed?' vroeg ze. Gaston aarzelde en knikte toen. 'Wil je misschien iets?' probeerde ze weer.

Hij keek haar recht in de ogen. 'Ik wil Mutti.' De zaal vulde zich met het geluid van zijn pijnlijke gesnik.

Herinneringen aan Mutti hadden in en uit Ediths gedachten gedreven als de zachte golven op de rivier die ze vanuit het raam van haar slaapzaal kon zien. Waar wás Mutti eigenlijk, vroeg Edith zich af. Was ze veilig? Had ze genoeg te eten? Een bed om in te slapen? Was ze bang?

Edith zuchtte en stak haar armen naar Gaston uit. 'Ik mis haar ook, Gaston... en Vati en Therese,' zei ze.

De twee kinderen praatten zacht want de dag liep ten einde en al snel was het tijd voor Edith om te vertrekken.

'Wanneer kom je terug, Edith?'

'Morgen,' beloofde ze. 'Ik kom morgen weer.'

'Dat is niet waar,' huilde Gaston boos. 'Je bent net als Mutti en Vati. Je gaat weg en komt niet meer terug.'

'Gaston, luister naar me, ik laat je niet alleen. Kijk uit je raam, dan kun je mijn kamer zien. Ik kom morgen terug.' Daarmee draaide Edith zich om en ging de kamer uit.

Arme Gaston, dacht Edith. Zijn hele leven had hij alleen nog maar onzekerheid en verandering gekend. Gaston wist niet wat het was om op een speelplaats te spelen, om een ijsje op te schrokken in een cafétaria of om Vati te zien voetballen terwijl het publiek juichte. Maar misschien was het wel beter om niet te weten wat je miste.

Toen Edith het huis van Gaston uitliep, was het bewolkt en regenachtig, alsof de hemel voor haar huilde. Hier in Moissac waren aardige mensen die voor haar zorgden en haar te eten gaven en ervoor zorgden dat ze schone kleren had en dat ze haar huiswerk maakte. Shatta en Bouli behandelden de kinderen alsof het hun eigen kinderen waren. Maar Edith voelde zich nog steeds eenzaam. Shatta en Bouli waren haar ouders niet. De andere kinderen waren niet haar broers en zussen. Alleen door hun gemeenschappelijke wanhoop vormden ze een gezin.

Toen Edith haar huis naderde, werden haar sombere gedachten onderbroken door gezang. 'Wat is er aan de hand?' vroeg ze, toen Germaine met pannen en kaarsen in haar handen gehaast voorbij kwam.

'Het is sabbat,' antwoordde haar leidster. 'De zon gaat bijna onder en we maken het huis klaar voor de sabbat.'

Edith trof Sarah in de slaapzaal, waar ze haar prachtige, lange haren aan het borstelen was. 'De vrijdagavonden zijn hier geweldig,' zei Sarah. 'We proberen ons leuk aan te kleden. De kokkin maakt speciale gerechten klaar en zelfs de rabbijn komt langs om de dienst te leiden. We zingen liedjes en het is allemaal zo mooi.'

Edith schudde vol ongeloof haar hoofd. In Wenen hadden ze met het gezin de sabbat gevierd. Ze had met haar vader de synagoge bezocht en had het heerlijk gevonden om naar de gezangen en gebeden te luisteren. Maar om geen aandacht te trekken was het gezin destijds gestopt met het praktiseren van hun geloof. Nu zag het ernaar uit dat de kinderen in Moissac zonder angst joods konden zijn. Het was zo verwarrend! Het ene moment was ze doodsbang en wanhopig, het moment daarna voelde ze zich beschut in een veilige cocon.

'Kom,' riep Sarah, terwijl ze met een felrood lint haar haren samenbond. 'Laten we wat bloemen plukken voor de tafels.'

Het veld achter het huis stond vol vroege lentebloemen. De geur van wilde anemonen, paarse, rode en blauwe, vulde de vroege avondlucht. Edith ademde diep in. Anemonen waren de lievelingsbloemen van Mutti; nu ze ze vond, was het net of ze een stukje van Mutti zelf had gevonden.

Edith en Sarah brachten armenvol bloemen de eetzaal binnen, waar meisjes de kandelaars aan het poetsen waren en de tafels dekten met witte tafellakens en een speciaal servies. Ze waren juist klaar met het schikken van de bloemen in de potten en vazen op elke tafel toen de rest van de kinderen binnenkwam en op hun plaatsen ging zitten.

'Shabbat shalom,' fluisterde Sarah. 'Ik wens je vrede op deze sabbat.'

'Shabbat shalom,' antwoordde Edith. 'Vrede voor ons allen.'

HOOFDSTUK 10

Help je naasten

Zoals ze had beloofd, ging Edith elke dag bij Gaston langs, en altijd met haar dapperste gezicht. Ze zei nooit iets over de razzia's of de kampeeruitjes. Ze glimlachte en liet hem geloven dat alles in orde kwam.

'Het zal niet lang meer duren voordat Vati naar huis komt, Gaston,' zei Edith op een dag, toen ze samen op de veranda voor het huis van Gaston zaten. 'En als het zover is, dan haalt Mutti ons ook naar huis. En er wordt toch goed voor ons gezorgd? Het was slim van Mutti om ons naar hier te sturen.'

Langzaam maar zeker begon Edith zelf die fantasie te geloven. Ze merkte dat als je net deed of alles goed ging, je het uiteindelijk ook ging geloven. Bovendien gebeurde er niets ergs. Ze werd niet uitgescholden, de mensen uit het dorp waren zelfs vriendelijk. In Moissac werden geen Joden opgepakt, op straat werd niemand in elkaar geslagen. Zelfs als Shatta en Bouli het over de oorlog hadden – in Roemenië, Joegoslavië en Griekenland werden Joden opgepakt, er werden steeds meer concentratiekampen gebouwd – dan leek alles ver weg. Natuurlijk had ze het af en toe nog steeds moeilijk, vooral in de stilte van de nacht als het verdriet om het gemis van haar ouders Edith in haar dromen bezocht. Maar ze dwong zichzelf de gedachten van zich af te schudden en door te gaan.

Dat werd steeds eenvoudiger omdat er veel te doen was: karweitjes, school en huiswerk, en het koor waar Edith nu van genoot. Maar kampeervaardigheden, de kennis die hun leven zou kunnen redden, kwamen altijd op de eerste plaats. Aan het huis in Moissac lag dan ook niet voor niets de filosofie van de Padvinderij ten grondslag. 'Wees voorbereid,' had Shatta tegen Edith gezegd op de dag dat ze aankwam. De jonge bewoners leerden hoe ze een kampvuur moesten aanleggen en knopen leggen, een spoor volgen en de tijd bepalen aan de hand van de stand van de zon. En elke dag oefenden de kinderen om hun spierkracht en uithoudingsvermogen te verbeteren.

'Padvinders moeten sterk, alert en overal van op de hoogte zijn,' had Bouli op een dag uitgelegd toen hij met Edith en de anderen een trektocht maakte. 'Blijf bij elkaar,' beval hij toen hij snel een steile heuvel opging. 'Loop door. Adem die frisse lucht in.' Edith had moeite om hem bij te houden, overmand door herinneringen aan haar ontsnapping uit Wenen door de bossen. Haar benen trilden, net als ze hadden gedaan tijdens die lange vlucht. En deze keer was Vati er niet om haar te dragen.

Maar bij elke dag die voorbijging, kon Ediths lichaam meer aan en werd haar pijn minder. Ze ontwikkelde haar beenspieren en op haar wangen was een gezonde blos gekomen.

Op een warme lentemiddag bij een korte pauze tijdens hun trektocht, vroeg Bouli de kinderen om om hem heen te komen staan. De zon stond nog steeds hoog aan de lucht en de heldere stralen schenen fel op de hoofden van de jonge trekkers. Edith ging zitten, plukte een bloempje en trok afwezig de bloemblaadjes eraf.

Een is voor Mutti,

twee voor mij, haar kind.

Drie is voor Vati

en voor wie je verder in de familie vindt.

'Waar denk je aan?' vroeg Sarah. 'Je lijkt mijlenver hier vandaan.'

Zo voelde Edith zich ook. Sinds de gezinspicknicks in het buitengebied van Wenen had ze niet meer aan dit gekke rijmpje gedacht; en door de associatie verlangde ze nu ineens heel erg naar haar familie. Ze wist nooit waar deze sterke verlangens vandaan kwamen, ze staken zomaar ineens de kop op: terwijl ze zat te ontbijten, of naar school liep, of zelfs haar zaal aan het afstoffen was. Edith schudde haar hoofd en probeerde zo de pijn weg te schudden. 'Het is goed, Sarah. Ik ben er weer.'

Bouli vroeg om ieders aandacht en begon toen te praten. 'Kinderen, wat is het doel van de padvinderij?'

'Om nieuwe vaardigheden te leren.'

'Om altijd je best te doen.'

'Om sterk te zijn.'

Bouli knikte. 'Dat zijn allemaal belangrijke punten. Wat nog meer?'

'Om mensen te helpen,' riep Eric.

'Precies!' zei Bouli. *'Om dienstbaar te zijn ten opzichte van anderen,* dat is het ware doel van de padvinderij. Om andere mensen om je heen te helpen. En, waar vinden we daar voorbeelden van in ons leven?'

'Shatta en jij helpen ons allemaal door ons hier in huis te hebben,' zei Sarah.

'De mensen in het dorp helpen ons,' antwoordde een ander kind, 'door geheim te houden dat wij Joden zijn.'

'Heel goed,' zei Bouli. 'Door niets te zeggen, door geheim te houden dat we Joden zijn, beschermen de mensen uit Moissac ons. Ook al is het gevaarlijk. Ook al riskeren zij hun eigen leven voor onze veiligheid. Zij vormen het perfecte voorbeeld van dienstbaarheid en moed omdat ze doen wat goed is, ondanks dat er gevaar aan kleeft.'

Doen wat goed is. Edith liet deze boodschap tot zich doordringen. Daarom hielpen de mensen uit Moissac de Joodse kinderen. Niet omdat ze ervoor betaald werden, zoals de boer die het parelsnoer van Mutti had aangenomen, of als de Belgische gevangenbewaarders die Mutti had omgekocht om Vati vrij te laten; maar gewoon omdat het goed was.

'Kom eens hier,' riep Sarah, Ediths gedachten onderbrekend. 'Ik zal je eens leren hoe je een halve steek moet leggen. Dat is de knoop die wordt gebruikt om een tent vast te zetten.' Edith haalde diep adem, ging naast Sarah zitten en keek omlaag naar een berg touwen. 'Doe net of deze tak een tentharing is,' zei Sarah. 'Neem het einde van het touw in je rechterhand. Vorm nu twee lussen om de tak en sla ze over elkaar zodat er een x ontstaat. Duw dan het einde van het touw door het gat aan het einde van de x en trek hem stevig aan.' Edith volgde Sarahs bewegingen op de voet.

'Dat is het!' riep Sarah uit. 'Je bent een natuurtalent.'

Edith bleef maar oefenen. Tegen het einde van de middag had ze het onder de knie om stukken hout snel vast te sjorren en touwen van verschillende dikten vast te maken. Ze had ook geleerd hoe ze een slaapzak tot een compacte bundel moest oprollen. Tot Ediths eigen verbazing gingen deze vaardigheden haar goed af en had ze er plezier in ze te leren. Af en toe dwaalden haar gedachten af naar razzia's en invallen door nazi-soldaten. Ze vond het nog moeilijk te geloven dat ze deze nieuwe vaardigheden ooit in de praktijk zou moeten brengen. Maar daar wilde ze niet aan denken.

Toen de kampeeroefening erop zat, was Edith moe maar tevreden. Ze volgde Bouli de heuvel af en weer het huis in. Ze plofte op haar bed en bedacht dat ze nog maar een paar minuten had om zich op te frissen voor het eten.

Op dat moment kwam Eve de zaal binnen, haalde zwijgend haar koffer onder haar bed vandaan en begon in te pakken.

'Ga je op vakantie?' vroeg Sarah plagend. 'Was je daarom niet bij de trektocht?'

Eve keek op. 'Ik ga weg.' Haar stem klonk zacht en bedroefd. De glimlach verdween meteen van Sarahs gezicht.

'Ga je weg?' vroeg Sarah. 'Waar naartoe?'

'Mijn ouders zijn hier om me op te halen. Ze denken dat ik bij hen veiliger ben. We gaan naar Zwitserland. Daar hebben we familie. We gaan dwars door Frankrijk en trekken de bergen over.'

Ze ging weg? Nog nooit was er iemand uit het huis weggegaan. Edith had er nooit bij stilgestaan dat dit ooit kon gebeuren. Het plezier dat ze aan de trektocht had beleefd was in één klap verdwenen. Kwam Mutti haar maar ophalen! Dat zou het allermooiste geschenk zijn, te worden herenigd met haar ouders.

Niemand zei iets, maar alle meisjes staarden jaloers naar Eve.

Eve deed haar koffer dicht. 'Ik zal jullie allemaal missen,' zei ze terwijl ze de meisjes een voor een omhelsde.

Edith volgde haar naar beneden, waar Shatta met een man en een vrouw stond. De man nam het koffertje van Eve aan en gaf Shatta een hand.

'Merci, Madame Simon. Bedankt dat u voor onze dochter hebt gezorgd.'

'Alstublieft, monsieur,' smeekte Shatta. 'Neem het kind niet mee. Ze is nergens veiliger dan hier.'

'Ze is het veiligst bij ons,' antwoordde de vrouw. 'Waar is het veiliger dan bij je eigen familie?'

Edith kroop op de trap in elkaar toen Shatta's stem nog dringender werd. 'We weten allemaal dat het in Frankrijk voor Joden even gevaarlijk is geworden als in de rest van Europa. We worden hier beschermd door de dorpsbewoners. Buiten Moissac is dat niet het geval.'

Eve's vader schudde zijn hoofd en de drie verlieten het huis. Gebogen en uitgeput liep Shatta naar haar kantoor. Edith vond het vreselijk om Shatta, die tegenover de kinderen altijd heel sterk en vol zelfvertrouwen overkwam, verslagen te zien.

Edith had er behoefte aan om met iemand te praten, maar ze wist niet zeker of Sarah hier iets zinnigs over kon zeggen. Lawaai uit de boekbinderij aan de achterkant bracht Edith op een idee. Eric zou de geschikte persoon zijn om mee te praten. Hij was slim en stond met beide benen op de grond.

'Hallo.' Eric glimlachte toen Edith op hem af liep.

'Hallo, Eric.' Edith keek naar de stapel papieren, de schaar en de dikke draad die voor hem lagen. 'Wat is dit allemaal?'

'Zie je die man daar?' Eric wees naar een oudere man die te midden van een aantal jongelui aan de andere kant van de ruimte stond. 'Hij is een van de beste boekbinders van Frankrijk en hij komt ons het vak leren. Ik volg nu al een paar maanden les van hem en ik kan er al heel wat van.'

'Laat eens zien,' zei Edith. Het zou een goede afleiding zijn voor haar verwarring om Eve.

'Eerst moet je een groot vel papier op deze manier vouwen.' Eric pakte een stapel papieren van zijn werktafel. 'Vervolgens worden de paragrafen één voor één in de boekband genaaid. Je naait het hele boek met één enkele draad vast, dus je moet ervoor zorgen dat de draad lang genoeg is.' Hij haalde een dikke naald door de stapel pagina's, waarbij hij bij elke even steek alles vast trok. 'Als we geluk hebben, krijgen we leer voor de omslagen, maar met dit dikke karton gaat het ook goed. Dit is het eerste boek dat ik hier heb gemaakt.'

Eric stak zijn hand onder de tafel en haalde trots een klein, langwerpig album tevoorschijn. Het had een donkerbruine kaft en zwarte pagina's. Edith boog zich voorover om naar de steken te kijken die hij met gelijke tussenruimten had genaaid. In het boek zaten foto's, veel daarvan waren van Moissac en de kinderen die er zaten. 'Ik heb de foto's zelf gemaakt en ontwikkeld,' vervolgde Eric trots.

Edith bladerde door de pagina's. 'Wie zijn dit?' vroeg ze, terwijl ze naar een foto wees waarop een jong echtpaar met drie kleine kinderen stond.

'Mijn ouders. Mijn broertje en zusje. En dat ben ik,' zei hij, wijzend op het jongste kind. 'De foto is in Polen genomen. Daar ben ik geboren. Maar ik ben opgegroeid in Duitsland. We zijn in 1939 ontsnapt.'

'Weet je waar ze nu zijn?'

Eric haalde zijn schouders op. 'Overal. Mijn zus is naar Engeland gestuurd, mijn broer naar China. Mijn ouders zijn erin geslaagd me via het Rode Kruis een paar brieven te sturen, maar die mochten niet langer zijn dan vijfentwintig woorden, dus veel wijzer ben ik niet geworden.'

Edith staarde naar de foto. 'Eric, als je ouders hierheen

zouden komen en jou met zich mee wilden nemen, zou je dan gaan?'

Hij fronste zijn wenkbrauwen. 'Ik ben al zo lang bij mijn familie weg, dat ik me eigenlijk niet meer voor kan stellen om samen te zijn. Bovendien ben ik oud genoeg om voor mezelf te zorgen.'

'Maar als ze zouden komen,' drong Edith aan, 'zou je dan uit Moissac weggaan? Eve's ouders kwamen haar vandaag halen. Ze zeggen dat Eve veilig is bij hen. Shatta zegt dat ze hier veiliger is. Wat denk jij?'

Eric zweeg en dacht na. 'Ik vertrouw Shatta,' zei hij uiteindelijk. 'Dit huis is er al vier jaar en tot nu toe is iedereen veilig geweest. Datzelfde kun je niet zeggen van Joden die elders zaten.' En hij ging verder met zijn werk.

Een paar dagen later was Edith na het eten bezig mee de eetzaal op te ruimen. Nadat de andere meisjes weg waren, stapte ze aarzelend op Shatta af. 'Heb je al iets van Eve gehoord?' vroeg Edith. Inmiddels wist iedereen dat Eve met haar ouders was vertrokken.

Shatta schudde haar hoofd. 'Het is geen goed nieuws,' zei ze met haperende stem. 'Volgens onze bronnen zijn Eve en haar familie opgepakt en naar een concentratiekamp overgebracht. We kunnen niet meer doen dan bidden dat ze het overleven.'

HOOFDSTUK 11

8 juli 1943
Een speciale dag

E dith dacht daarna nog weken aan Eve, terwijl ze keer
op keer het tafereel van Eve's vertrek als een grammo-
foonplaat in gedachten afspeelde. Na die avond in de eetzaal had Shatta geweigerd nog veel over Eve te zeggen en
Edith begreep hoe pijnlijk haar vertrek voor Shatta was. Ieder
kind in het huis was als een van haar eigen kinderen. Er een
te verliezen was alsof ze een familielid verloor. Shatta kon
aan de buitenkant hard overkomen, maar als het om haar
kinderen ging, was ze kwetsbaar. Wat Edith betrof, had het
zien van Eve's ouders het verlangen naar haar eigen familie
alleen nog maar groter gemaakt. Bij hen had ze zich altijd
veilig gevoeld; maar dat was tot Vati werd meegenomen. Hier
in Moissac was niemand opgepakt, althans nog niet. Edith
had zich nog nooit zo verward gevoeld.

Een paar weken later werd Edith wakker voordat de bel
ging: ze draaide zich om en rekte zich uit. Door de open
ramen klonk het geluid van zingende vogels en ze lag stil te
luisteren. Wacht even, het was te rustig. Ze ging rechtop zitten en keek rond. De slaapzaal was leeg.

Edith was plotseling klaarwakker. *Waar is iedereen? Ze zijn weg*, dacht ze en de paniek sloeg toe. *Ze zijn weg en hebben mij achtergelaten. De nazi's komen eraan en iemand is vergeten me op tijd wakker te maken om te vertrekken. Ik ben de enige die ze zullen vinden!*

Ze schudde haar hoofd en sprak zichzelf toe. 'Hou op met alles erger te maken dan het is! Rustig blijven, Edith.' Het geluid van haar stem galmde door de lege ruimte. Op dat moment stormden Sarah en al Ediths zaalgenoten door de deur naar binnen.

'Gefeliciteerd, Edith!' De meisjes verdrongen zich juichend en klappend rond haar bed. 'Het leek alsof je nooit wakker zou worden!'

Ze was zo verbaasd dat ze geen woord kon uitbrengen. Het was 8 juli 1943. Ze was elf jaar. Hoe had ze dat kunnen vergeten?

'Vooruit, slaapkop,' zei Sarah. 'Kleed je aan, dan gaan we ontbijten. We hebben een verrassing voor je.'

Edith glimlachte dankbaar. Sarah had onthouden dat het een speciale dag voor haar was! De meisjes wasten zich, kleedden zich aan en deden hun dagelijkse klusjes in een recordtempo. Edith vloog achter Sarah de trap af, stormde de eetzaal in... en bleef ineens stofstijf staan. Iedereen van het huis was er en stond op haar te wachten. Henri pakte zijn stokje op en het koor begon te zingen. 'Bonne fête à toi. Wel gefeliciteerd.' Meteen viel iedereen in. Shatta en Bouli omhelsden Edith hartelijk en wensten haar een gelukkige verjaardag. Ze was overweldigd. Er stonden een verjaardagstaart en bloemen op haar tafel, en op haar plaats lag een klein pakje.

'Het is niet veel,' zei Sarah verontschuldigend, 'maar we zijn het in elk geval niet vergeten.'

Met stralende ogen maakte Edith het pakje open en vond

een rood tasje met ritssluiting. Ze draaide het om in haar handen.

'Maak open,' riep Sarah.

Edith ritste het leren tasje open. Het was een manicure-set, compleet met schaartje, een nagelknipper en –vijl. Ze gaf Sarah een dikke kus. 'Heel erg bedankt,' fluisterde ze. 'Het is het mooiste cadeautje dat ik ooit heb gehad.' En dat was het ook. Al was het maar klein, vergeleken met haar feestjes en cadeautjes in Wenen.

In een flits passeerden alle vorige verjaardagen Ediths gedachten. Mutti bakte dan schitterende verjaardagstaarten en Therese was extra aardig. Vati nam haar mee naar de winkel om een nieuwe jurk te kopen en haar vriendinnen en nichtjes bedolven haar onder de cadeautjes. In België en Frankrijk had ze haar verjaardag in stilte gevierd, alleen met haar ouders en haar zus en broertje. Maar nu wist ze niet eens waar haar ouders waren. Edith schudde deze gedachten van zich af. Het was haar verjaardag en op dit moment, op deze dag, was ze vastbesloten om blij te zijn.

Er kwam nog een verjaardagsverrassing. Het was het mooiste cadeautje dat ze zich ooit had kunnen voorstellen, al had ze dat het minst verwacht. Toen Edith die dag na school terug-kwam, riep Shatta haar.

'Ten eerste nogmaals van harte gefeliciteerd, lieverd,' zei Shatta hartelijk. 'Vind je het een leuke dag?'

'O ja, Shatta,' antwoordde Edith. 'De beste dag sinds tij-den.'

'Nou, dan denk ik dat het zelfs nog beter gaat worden,' zei Shatta geheimzinnig. 'In mijn kantoor is een verrassing voor je.' Edith keek niet-begrijpend, ietwat op haar hoede. Shatta glimlachte en duwde Edith in de richting van de openstaande deur van haar kantoor.

Een vrouw kwam voor haar staan. 'Mutti!' riep Edith en vloog in haar moeders armen.

'O, mijn schat, wat is het heerlijk om je vast te kunnen houden,' fluisterde Mutti, terwijl ze daar innig omarmd samen stonden. Uiteindelijk pakte Mutti Edith bij haar schouders en hield haar voor zich. 'Laat me je eens bekijken, jarige dame. We zijn nog maar vier maanden verder en je lijkt al een stuk ouder. Wat ben je groot geworden!'

Ediths gezicht glom helemaal toen ze in haar moeders ogen keek. *Dit is vast een droom,* dacht ze. Ze kneep haar ogen even stevig dicht, maar toen ze ze weer opendeed, stond haar moeder nog steeds voor haar.

Edith bekeek haar plotseling aandachtig. 'Maar u, Mutti, wat bent u mager geworden.' Dat was waar. Mutti zag er afgetobd en ziek uit. Haar ogen waren ingevallen en haar ooit zo mooie huid was helemaal gerimpeld.

Mutti schudde haar hoofd. 'Het valt niet mee om aan eten te komen. Alles is op rantsoen en ik heb geen boekje met distributiebonnen. Maar maak je geen zorgen,' zei ze, toen ze de pijn in Ediths blik zag. 'Ik maak het goed en ik ben blij dat ik bij een fijne familie zit. Godzijdank zitten jullie hier. Gaston en jij, allebei zijn jullie veilig. Ik heb hem net gezien en hij ziet er goed uit.'

Edith voelde zich plotseling vreselijk schuldig: zij kreeg goed te eten en er werd voor haar gezorgd, terwijl Mutti...

Mutti hief Ediths gezicht met haar hand op. 'De wetenschap dat mijn kinderen veilig zijn, geeft me kracht en steun.' Mutti zuchtte. 'Kom, schat. Kom eens bij me zitten en vertel me alles.'

En dat deed Edith. Ze vertelde over de dagindeling in het huis en over hoe aardig Shatta en Bouli waren. Ze vertelde moeder over Sarah, Eric en de andere kinderen. Ze vertelde over school en over hoe goed ze het blijkbaar deed. Mutti luisterde hunkerend naar elk woord en leek, terwijl Edith haar verhalen vertelde, er kracht uit te halen.

Toen was het Mutti's beurt. Haar verhaal was moeilijker om naar te luisteren. Ze zat ondergedoken bij een boerenfamilie ten noorden van Moissac; Therese zat bij een ander gezin in de buurt. Allebei werkten ze als dienstmeisje en moesten schoonmaken en koken. Heel af en toe zagen Mutti en Therese elkaar, maar ze moesten oppassen dat ze niet samen werden gezien voor het geval iemand achterdochtig werd. En hoewel de gezinnen die hun onderdak gaven zorgzaam en vrijgevig waren, vervolgde Mutti, 'waren er genoeg mensen die maar al te graag een stel Joodse vrouwen zouden aangeven.' Toch liepen ze geen van beiden gevaar, verzekerde ze Edith.

'En Vati?' vroeg Edith.

Mutti schudde haar hoofd. 'Nee, niets.'

Dat was vreselijk om te horen. De stilte die daarop viel, was zo pijnlijk dat Edith vlug van onderwerp veranderde. 'Hoe bent u hier gekomen, Mutti? Het is zo ver, helemaal alleen.'

'Ik wilde niet met de trein. Ik was te bang dat iemand mij naar mijn identiteitsbewijs zou vragen. Dus heb ik meegereden op vrachtwagens en hooiwagens... boeren zijn vaak best bereid zonder vragen te stellen een vrouw te helpen die alleen reist. Ik heb er twee dagen over gedaan, maar het is elke seconde waard geweest,' voegde ze eraan toe, terwijl ze Edith nog eens tegen zich aan drukte.

Edith wilde haar niet laten gaan, wilde er niet aan denken dat haar moeder misschien weer door die deur weg zou gaan. Maar te vlug was het voor Mutti tijd om te gaan.

'Ga alstublieft niet weg, Mutti!' smeekte Edith met hese stem. Wanhopig klampte ze zich aan haar moeder vast. Dit afscheid was zelfs nog moeilijker dan de eerste keer, vier maanden geleden. 'Wanneer komt u terug? Wanneer zie ik u weer?'

Mutti maakte zich voorzichtig los. 'Ik zal proberen nog eens langs te komen, maar ik kan niets beloven. Je bent altijd in mijn hart,' fluisterde ze en vervolgens draaide ze zich om en liep de deur uit.

Diepbedroefd zat Edith daar alleen. Uiteindelijk liep ze langzaam naar boven en liet zich op haar bed vallen. Ze vertelde Sarah over Mutti's bezoek en hoe zwaar het afscheid was geweest. Maar Sarahs reactie schokte haar.

'Hou op met je gejammer,' zei ze. 'Je mag blij zijn dat je moeder nog op bezoek kan komen. Kijk om je heen, Edith. De meesten van ons weten niet waar onze moeders zijn. We weten zelfs niet of ze nog leven.' Daarop draaide Sarah Edith haar rug toe en begon aan haar huiswerk.

Edith had het gevoel alsof haar vriendin haar een klap in het gezicht had gegeven. Ze keek angstig de zaal rond. Een paar meisjes staarden haar aan met dezelfde vijandige blik die ze had gezien toen Eve door haar ouders werd opgehaald. Anderen keken jaloers en wendden met betraande ogen hun hoofd af. 'Het spijt me, iedereen,' zei Edith met een klein stemmetje. Ze wist dat ze vergeleken bij de andere meisjes blij mocht zijn, maar daarom voelde ze zich niet minder ellendig of in de steek gelaten.

'Ik ben vandaag jarig, Sophie,' fluisterde Edith in haar kussen. 'Feliciteer me maar. Ik kreeg mijn moeder als cadeautje, maar toen werd ze weggenomen.' Haar tranen viel geluidloos op haar kussen.

HOOFDSTUK 12

De nazi's komen eraan

E dith was de volgende ochtend vroeg wakker. Ze had niet veel geslapen. Haar ogen waren opgezwollen van het huilen en haar hoofd voelde even zwaar als haar hart. Haar verjaardag was een mengelmoes van emoties geweest: de opwinding dat iedereen in het huis aan haar speciale dag had gedacht, de opwinding dat ze Mutti weer zag en haar wanhoop toen Mutti wegging. Edith wilde vanochtend niet met de andere meisjes praten; dat gevoel was ook verwarrend. Dus kleedde ze zich snel aan, maakte haar bed op en liep door de gang. De kokkin was vast al op en bezig in de keuken zijn. Misschien kon Edith haar helpen. Luisteren naar de verhalen van de kokkin zou een welkome afleiding zijn.

Edith ging naar beneden en liet de stilte op zich inwerken. Al gauw zou het huis zoemen van activiteit. Toen ze de door de hal aan de voorkant liep, schrok ze op door een hard geklop op de voordeur. Er was niemand anders in de buurt, dus maakte ze de grote, houten deur open.

Een man, die Edith vaag herkende als iemand uit het dorp, stond met zijn hoed in de hand en knikte toen ze hem begroette.

'Is Madame Simon thuis?' vroeg hij. Hij wipte van zijn ene been op zijn andere, wierp een blik over zijn schouder en hield ondertussen nerveus de straat aan beide kanten in de gaten. 'Het is belangrijk,' voegde hij toe, toen Edith een stap opzij deed om hem binnen te laten.

'Deze kant op, monsieur.' Edith wenkte de man haar door de hal te volgen naar Shatta's kantoor, en ze klopte zacht op de deur.

'Entrez! Binnen,' riep Shatta.

Edith gluurde het kantoor in. 'Er is iemand voor je, Shatta, een man uit het dorp.'

Shatta liep met grote stappen naar de deur, gaf hem een hand en liet hem binnen. Vervolgens wendde ze zich tot Edith. 'Ga maar naar je vriendinnen, lieverd. Bedankt.' De deur ging voor Ediths gezicht dicht.

Er was iets niet in orde, en dat gaf Edith een onbehaaglijk gevoel. Er kwamen vaak bezoekers: de man die eieren bracht, de vrouwen die schoonmaakten, de dokter die de zieken bezocht. Maar dit leek anders. Misschien lag het aan de zenuwachtige manier van doen van de man. Misschien kwam het doordat Shatta de deur voor haar dichtdeed. Wat het ook was, Edith hield haar oor tegen de deur om te horen wat er werd gezegd. De stemmen in het kantoor klonken zacht maar ernstig, en ze spitste haar oren om alles op te vangen.

'De burgemeester heeft zojuist gehoord dat er een inval in Moissac komt... morgen, misschien vandaag later op de dag nog,' zei de man. 'Hij dringt erop aan dat u de kinderen bijeenroept en snel vertrekt.'

Shatta gaf iets ten antwoord, maar Edith had genoeg gehoord. Ze strompelde verblind door de gang. Haar hoofd tolde, haar hart bonsde. Ze had op deze nachtmerrie gewacht, had zich in haar verbeelding voorgesteld dat het zou gebeuren. Maar dit was geen droom. De noodtoestand was echt.

Het lukte Edith toch de trap op te lopen en naar haar zaal te gaan. Sarah en de anderen waren zich aan het aankleden.

'Wat is er aan de hand?' vroeg Sarah, toen Edith de slaapzaal instormde.

Edith trok Sarah mee naar een hoek. 'Shatta is met een man aan het praten,' gooide ze eruit, terwijl ze haar best deed om tot bedaren te komen. 'Hij zegt dat de nazi's op het punt staan een razzia in Moissac te houden. Hij zei dat we moeten vertrekken. Sarah, wat gaat er met ons gebeuren?' Van de onzekerheid die Edith de avond ervoor ten opzichte van Sarah had gevoeld, was niets meer over. Edith had Sarah nu nodig; ze had een bondgenoot nodig om haar te helpen begrijpen wat er gebeurde.

Sarah knikte kalm. 'Het komt wel goed, Edith.'

Voordat ze de kans had om meer te zeggen, stormde Germaine naar binnen en zei dat iedereen onmiddellijk naar beneden moest. Shatta en Bouli stonden te wachten.

'Kinderen, we moeten gaan kamperen. Ik heb net bericht gekregen van onze vriend, de burgemeester.' Shatta's stem klonk beheerst maar streng. 'De soldaten komen naar Moissac om te kijken of er Joden zijn. Onze uitrusting staat klaar. Dus ga nu snel naar je kamers en pak nog wat laatste dingen die jullie nodig mochten hebben.'

Als geoefende acteurs kwamen de kinderen op een gedisciplineerde, maar gehaaste manier in actie. Edith baande zich een weg door de menigte en bleef voor Shatta staan, die nog steeds haar mensen instructies aan het geven was ter voorbereiding van hun vertrek.

'Maak de bedden niet op,' beval ze. 'Daar is geen tijd voor. Zorg ervoor dat elke groep voedselpakketten bij zich heeft.

Bouli, breng de geneesmiddelen.' Boven het aanzwellende lawaai bleef Shatta haar instructies schreeuwen.

'Shatta,' vroeg Edith ademloos en angstig. 'Hoe zit het met mijn broer en de kleintjes? Waar gaan zij naartoe? Wat gebeurt er met hen?'

Shatta sloeg haar arm om Ediths schouders. 'Gaston en de jongere kinderen zijn te klein om het bos in te trekken,' zei ze. 'Zij duiken onder in huizen rond Moissac. We hebben veel vrienden hier in het dorp, Edith, genoeg om er zeker van te zijn dat ze allemaal veilig kunnen worden ondergebracht.'

Op dat moment was iedereen uit het huis klaar voor het 'kampeeruitje.' De kinderen waren in goede conditie en beschikten over de vaardigheden die ze nodig hadden. De leiding was regelmatig bij elkaar geweest om de plannen te perfectioneren. Dozen en slaapzakken stonden klaar voor vertrek. Eten was ingepakt. Kampeeruitrustingen waren in orde. De tenten, die enkele weken daarvoor waren gecontroleerd, waren gevouwen en ingepakt. Het huis was klaar voor de vlucht.

'Kom. Laten we onze spullen pakken. Wees niet bang.' Sarah kneep zachtjes in Ediths hand. 'Ik heb dit al eerder gedaan. Er overkomt ons niets. Let maar op.'

Hoe vaak had ze de afgelopen vier jaar wel niet gehoord dat haar niets zou overkomen? Vati, Mutti, Shatta en nu Sarah hadden haar dezelfde verzekering gegeven. Zou ze vandaag echt veilig zijn? De herinnering aan haar vlucht uit Wenen en daarna uit Brussel kwam vol hevigheid terug toen ze een paar kleren bij elkaar griste en haar kamer uit rende.

Op de trap naar beneden kwam Edith Eric tegen, die met moeite tegen de stroom kinderen op naar boven liep. 'Heb je iets vergeten, Eric?' vroeg Edith.

'Ik ga niet,' zei hij. 'De oudste jongens blijven hier.'

Edith geloofde haar oren niet. 'Wát doen jullie? Waar heb je het over? Dan worden jullie opgepakt.'

'Welnee!' antwoordde Eric. 'Er zijn een heleboel goede verstopplaatsen in dit huis... op de zolder, achter het houthok. De nazi's zijn uit op oudere jongens zoals wij. Een groep kinderen die in het bos aan het kamperen zijn kunnen de soldaten niet zoveel schelen. Maar als we bij jullie

Eric Goldfarb

zijn, dan wordt alles een stuk gevaarlijker.'

Edith pakte hem bij zijn arm. 'Kijk goed uit, Eric.'

'Als je terugkomt, zal ik hier zijn,' zei hij glimlachend. 'Maak je over mij geen zorgen.'

Edith voegde zich bij de groep kinderen die zich in de eetzaal had verzameld. Leidsters stonden de namen van de kinderen af te roepen, gaven iedereen een pak met slaapzakken, eten, tenten of andere spullen. Toen iedereen wist wat hij of zij moest doen, gingen de deuren open en stroomden de kinderen de straat op.

De ochtendlucht was warm en de zon scheen toen de kinderen en de leiding in snel tempo door de stille straten liepen in de richting van de heuvels achter Moissac. Winkeliers waren net bezig hun winkels te openen, hun deuren van het slot te halen, de zonneschermen en de kleurrijke markiezen

Een foto van het binnenplein van het huis in Moissac, genomen door Eric Goldfarb.

neer te laten. Toen de kinderen voorbijliepen knikten ze, maar zeiden niets. *Zijn zij echt onze vrienden?* vroeg Edith zich af. *Als de nazi's komen, zullen ze dan ons geheim bewaren?* Dit zou de ware test worden voor hun betrokkenheid bij de veiligheid van de kinderen. Ze voelde een zweetdruppeltje langs haar nek lopen. De bepakking was zwaar, maar ze moest doorlopen. Ze verschoof hem iets en versnelde haar pas weer.

Toen ze aan de rand van het dorp een hoek omsloeg, keek ze even naar een huisje dat dicht bij de straat stond. Een luik stond een stukje open en daarachter zag Edith het gezicht van een klein meisje. Toen de kampeerders passeerden, stak het kind haar hand op en zwaaide. Dat was het laatste dat Edith zag voordat zij en de anderen uit Moissac werden weggeleid.

HOOFDSTUK 13

Camp Volant

Shatta noemde het Camp Volant, ofwel vliegend kamp. Het betekende dat de kinderen elke avond naar een andere plaats gingen in de dichte bossen die hun beschutting en dekking gaven.

Shatta en de leiders en leidsters van het huis voerden de kinderen steeds verder weg van het gevaar in Moissac. De kinderen in de groep marcheerden twee aan twee in de richting van hun bestemming. In het begin kwamen ze voorbij kleine boerderijen die her en der verspreid lagen in het buitengebied van Moissac. In de verte kon Edith de boeren zien die op hun velden aan het ploegen waren. De leiding voerde de groep in een wijde boog om deze boerderijen heen. Ze wilden niet gezien worden en deze boeren konden getuige zijn van hun ontsnapping. Maar ten slotte waren de boerderijen niet meer te zien. Alleen bomen, vogels en bloemen die in het wild op de heuvel groeiden, zagen nog hoe de kinderen hun mars voortzetten.

De kinderen zeiden weinig. Ze hadden al hun kracht nodig om te lopen en hun bepakking te dragen. Die van Edith leek met de minuut zwaarder te worden. De dagelijkse oefening in Moissac had ertoe bijgedragen dat haar jonge benen krachtiger waren geworden, maar zo'n lange trektocht putte haar

Een kampexpeditie van het huis in Moissac.

helemaal uit. De zon scheen fel op haar hoofd en haar benen voelden aan als lood. Maar behalve zo nu en dan een korte pauze om water te drinken en vlug iets te eten, spoorde de leiding de kinderen aan om door te lopen. Net op het moment dat Edith het gevoel had dat ze geen stap meer kon verzetten, stak Shatta haar hand op ten teken dat de groep moest halt houden.

Edith liet haar bepakking vallen en zakte neer in het hoge gras, terwijl het zweet van haar afstroomde. Sarah plofte naast haar neer. 'Ik geloof niet dat ik het nog een minuut langer had volgehouden,' zei Sarah. Edith knikte. Maar er was nog werk aan de winkel.

'We moeten ons kamp opzetten voordat de zon ondergaat,' zei Bouli, 'Daarna is er tijd genoeg om te rusten.'

Edith kreunde lichtjes, maar kwam weer overeind. De groepsleiders wezen de kinderen vlug hun taken toe. Een paar werden om aanmaakhout gestuurd; anderen verzamelden grotere takken om een kampvuur te maken. Edith en Sarah werden ingedeeld bij een groep kinderen die tenten aan het opzetten waren. Ze vouwden de tenten open en legden de touwen en haringen klaar waarmee de tenten moesten worden vastgezet.

Edith sloeg met een hamer een haring in de grond en wond het dikke touw eromheen door gebruik te maken van de halve steek die ze in Moissac had geleerd. 'Een lus maken, aantrekken en over elkaar leggen. Een lus maken, aantrekken en over elkaar leggen,' fluisterde ze, terwijl ze de touwen aan de haringen vastmaakte.

Binnen een mum van tijd waren de tenten opgezet en knetterde een kampvuur dat groot genoeg was om eten op klaar te maken, maar ook weer niet zo groot dat het vanuit de verte kon worden gezien. Al snel hing er een geur van verbrand hout vermengd met het aroma van een pruttelende stoofpot over het kamp. Nu mocht iedereen uitrusten.

Edith lag op de koele bosgrond. Wat was het hier vredig in de bossen, weg van Moissac, weg van alle gevaar. Vogels zongen of krijsten naar hun ongenodigde bezoekers, krekels sjirpten en in het kreupelhout renden allerlei beestjes. Het vuur knetterde en het zachte geluid van stemmen zweefde boven Ediths hoofd.

Sarah leunde tegen een boomstam. 'Ik heb zo'n honger dat ik wel een boom op zou kunnen.'

Edith was eveneens uitgehongerd, maar ze had andere zorgen. 'Sarah, wat als de nazi's ons vinden?'

'Dat doen ze niet,' antwoordde Sarah. 'Niemand kan ons hier vinden.'

'Maar als dat toch gebeurt?'

'Hou nou eens op met je zorgen te maken, Edith. We zijn hier veilig. Shatta en Bouli hebben dit al vaak gedaan. Ze weten wat ze doen. Wat heeft het bovendien voor zin om je druk te maken? We kunnen niet meer doen. Dus ontspan je en geniet van het avontuur.' Sarah draaide zich om en keek naar haar vriendin. 'Probeer het nu maar gewoon, Edith. Probeer te geloven dat er niets gebeurt.'

Edith sloot haar ogen. Ze wilde niets liever dan geloven dat niet alleen zij en de andere kampeerders, maar ook Mutti en Vati, Therese en Gaston veilig zouden zijn. Ooit had ze in haar onschuld geloofd in de toekomst, maar nu was al haar hoop vervlogen. Bovendien leek deze oorlog zich steeds verder uit te breiden en voor Joden begon het er steeds slechter uit te zien. Afgelopen week nog had Bouli verteld dat de nazi's bevolen hadden alle Poolse Joden naar concentratiekampen te sturen. In steden door heel Europa hadden de nazi's Joodse burgers naar speciale wijken gebracht waar muren omheen stonden en prikkeldraad was gespannen. In die getto's werden Joden gedwongen met meerdere gezinnen in een klein appartement te wonen. Er was weinig werk, weinig eten, er heersten ziekten en het was er vuil. En nu werden de Joden naar concentratie-kampen gestuurd waar de omstandigheden zelfs nog slechter waren. Bouli mocht dit de kinderen dan wel hebben verteld, hij had hun ook verzekerd dat ze veilig waren.

Edith wist niet wat ze moest geloven. Als dergelijke dingen met Joden elders gebeurden, hoelang zou het dan duren voor-dat het hier gebeurde, met haar en haar vriendinnen? Edith moest op haar hoede blijven, ze kon zich niet veilig voelen zoals Sarah leek te doen. Elke keer als ze merkte dat ze wat begon te ontspannen, gebeurde er iets waardoor ze terug in deze enge werkelijkheid terechtkwam.

Toen de duisternis viel, vulden fonkelende sterren de nach-telijke lucht. Edith huiverde en pakte een deken om die om haar schouders te slaan toen het vuur zwakker begon te worden. Enkele kinderen begonnen zachtjes te zingen, hun stemmen vloeiden in elkaar over in een sussende harmonie.

'Kijk,' zei Sarah terwijl ze omhoog wees. 'Een vallende ster. Doe een wens, Edith!'

Edith hief nog net op tijd haar hoofd op om een ster zich door de lucht een pad van licht te zien banen. Ze richtte haar ogen erop en deed met alle macht een wens.

HOOFDSTUK 14

De padvinders van Moissac

Het kampeeruitje duurde vijf dagen. Elke ochtend werden de kinderen vroeg wakker, wasten zich, ontbeten en braken dan hun kamp op. Shatta stuurde elke ochtend een patrouille eropuit: vijf of zes trekkers, vergezeld door een leider. Het was hun taak om een plek te zoeken om het volgende kamp op te slaan en ervoor te zorgen dat niemand de grote groep volgde. Als de kust veilig was, gingen de kinderen op pad, marcherend twee aan twee met hun rugzak en bepakking.

De frisse boslucht deed iedereen goed. Ediths bleke huid, die nog bleker was geworden van al die maanden dat ze te veel binnen had gezeten, had een gezonde blos gekregen. Haar jonge lichaam werd steeds sterker. De bepakking, die op de eerste dag een enorm gewicht had geleken, was nu veel minder zwaar en de dagelijkse mars ging vrijwel zonder moeite. Er heerste echt een gevoel van vrijheid in de bossen en Edith raakte geboeid door het avontuur.

'We zijn jonge padvinders,' zei Shatta. 'Dit is onze kans om ons karakter te ontplooien en nieuwe vaardigheden aan te leren. Een padvinder is een vriend voor iedereen, loyaal, sterk en kundig. Gebruik deze tijd om de dingen om je heen te bekijken. Leer dingen over het bos en de stroompjes die er lopen. Help elkaar en je helpt daarmee jezelf.'

In die vijf dagen paste Edith alle vaardigheden toe die ze in Moissac had geleerd en leerde ze er nog een heleboel nieuwe dingen bij. Moeilijke knopen leggen ging haar steeds makkelijker af. Ze kon hout in kleine stukken hakken. Ze leerde de namen van tientallen bomen en bloemen. Ze wist welke paddestoelen en bessen giftig en welke eetbaar waren.

Op een middag haalde Sarah Edith over om proberen te vissen.

'Eerst moet je dit touw aan een stok binden. Pas op voor het haakje,' zei Sarah. 'Hang er nu dit aas aan.' Ze stak haar hand uit met daarin een kronkelende, vieze worm.

'Nee! Dat kan ik niet.'

'Natuurlijk wel. Pak aan!'

Edith trok een vies gezicht en pakte de worm. Met ingehouden adem maakte ze het wriemelende beestje vast aan de haak en gooide haar lijn in het water. Ze zag de zilverkleurige silhouetten van de vissen die vlak onder het oppervlak heen en weer schoten.

Opeens trok de vislijn strak tegen de stok. Ediths hart ging als een razende tekeer toen ze haar stok inhaalde. Hij boog zo ver door dat hij dreigde te breken.

'Niet te hard trekken!' gilde Sarah. 'Dat komt hij los.'

Edith verslapte haar greep iets waarna ze weer een ruk aan de stok gaf. Ze vocht met de vis, en elke keer als hij weg dreigde te zwemmen, trok zij hem dichter naar de kant. Een groep vriendinnen en leidsters juichte haar toe. Een paar minuten later hield Edith triomfantelijk de vis omhoog zodat iedereen hem kon zien. Die avond stond er gegrilde vis op het menu en haar vangst maakte deel uit van de maaltijd.

Op de vijfde dag ontving Shatta bericht dat de nazi's uit het dorp waren vertrokken. De groep pakte voor de laatste keer zijn spullen en ging terug naar Moissac. Edith vond het jammer dat aan het kampeeruitje een einde was gekomen. Het was een avontuur dat ze nooit zou vergeten. Sarah had gelijk gehad, ze waren ongeschonden gebleven en hadden plezier gehad. In het bos had Edith er helemaal niet aan gedacht dat de soldaten in de buurt naar Joden aan het zoeken waren. Ze was vergeten dat er gevaar dreigde.

Zodra de kinderen weer in het huis waren, ging Edith op zoek naar Gaston. Ze vond hem in zijn kamer, waar hij een paar spullen aan het uitpakken was.

'O, Gaston, wat heb ik me zorgen om je gemaakt!' Edith drukte haar broertje dicht tegen zich aan. 'Shatta zei dat je bij een gezin zat ondergedoken. Waren ze aardig tegen je?'

Gaston knikte. 'Ik moest doen alsof ik hun zoon was, voor het geval de soldaten kwamen. Ze kwamen niet, maar ik moest toch doen alsof. Ik moest die mensen mama en papa noemen. Dat was moeilijk, maar als ik mijn ogen sloot en net deed of Mutti er was, dan lukte het wel.'

'Je bent heel dapper, Gaston. Mutti zou trots op je zijn... Vati ook.'

Op weg terug naar huis, kwam Edith Eric tegen in de timmerwerkplaats.

'Ik heb je toch gezegd dat ons niets zou overkomen,' zei hij.

'Wat is er gebeurd?' vroeg Edith. 'Zijn de soldaten gekomen?'

'Ja,' zei hij. 'Vlak nadat jullie waren vertrokken. Een stuk of tien, twintig waren op patrouille. Ze bonsden op de deuren. De kokkin heeft opengedaan en gezegd dat iedereen weg was. Natuurlijk heeft ze er niet bij verteld dat we allemaal Joods zijn. Ze heeft alleen gezegd dat dit een internaat was en dat iedereen een paar dagen weg was. De soldaten zijn overigens toch binnen geweest. Inmiddels hadden wij ons verstopt. Drie op zolder achter een valse deur en de rest hier achter die stapel hout.' Eric wees naar een grote muur van hout dat van de grond tot aan het plafond was opgestapeld. Natuurlijk zat daar, onder een verborgen trap, een kleine ruimte achter die net groot genoeg was om drie of vier jongens plaats te bieden. Die kon worden gebarricadeerd en aan het zicht worden onttrokken door er hout voor te stapelen.

'Hoelang hebben jullie daar verborgen gezeten?' vroeg Edith, terwijl ze zich een beeld vormde van de jongens die opgepropt in de kleine ruimte zaten.

Eric haalde zijn schouders op. 'Twee, misschien drie uur. De soldaten zijn nog een paar keer terug geweest.' Hij glimlachte sluw. 'Volgens mij geloofden ze de kokkin niet en wilden ze ons verrassen. Maar elke keer haalden we op tijd onze schuilplaats.'

Eric deed het zo eenvoudig voor, alsof het een spelletje was. Hij had evengoed kunnen zeggen: 'O ja, we speelden gewoon verstoppertje,' in plaats van: 'O ja, we verborgen ons gewoon voor de nazi's.' Misschien was het voor Eric en een paar anderen echt een avontuur om de nazi's te slim af te zijn en ervoor te zorgen dat ze niet werden opgepakt. Maar wat Edith betrof, gingen die angst en onzekerheid nooit voorbij. Het gevaar lag altijd op de loer, klaar om toe te slaan als ze niet oplette. Ze moest op haar hoede blijven en alert zijn. Dat was de enige manier waarop ze kon overleven.

HOOFDSTUK 15

Augustus 1943
Het huis gaat dicht

Bijna onwillekeurig pakte Edith binnen een paar dagen de normale gang van zaken weer op. De school was wegens zomervakantie gesloten en de dagen gingen vredig voorbij in een luie zomersfeer. Er was zelfs een huwelijk van twee groepsleiders. Tijdens het bruiloftsmaal overhandigden Eric en de andere fotografen de pasgetrouwden een foto-album met foto's die tijdens de plechtigheid waren genomen. Het was niet echt een banket, daar zorgde de rantsoenering wel voor, maar in het huis hing toch een optimistische, zelfs hoopvolle stemming. 'Misschien loopt de oorlog wel op zijn eind,' fluisterden de kinderen. 'Misschien komen onze ouders ons binnenkort ophalen.'

Edith bad elke avond dat Mutti zou komen. En als ze naar Gaston ging, deed ze net of dat ook echt zou gebeuren. Maar in haar hart dacht ze er anders over. Er was haar te vaak voorgehouden dat ze veilig zou zijn. Ditmaal liet ze zich niet zomaar voor de gek houden. Dus toen Shatta en Bouli in augustus 1943 een spoedberaad hielden om de sluiting van het huis aan te kondigen, was Edith niet verbaasd, maar wel heel verdrietig.

'De omstandigheden in Frankrijk worden slechter,' begon Shatta. 'Het is hier niet langer meer veilig voor jullie.'

De zaal reageerde onrustig. Sommige kinderen keken geschokt en verdoofd, en konden van verbazing geen woord uitbrengen. Anderen riepen: 'Nee!' en 'Ik wil blijven, stuur ons niet weg!'

'Gaan we weer op kamp?' vroeg een jongen. 'Moeten we onze spullen gaan pakken?'

Shatta schudde verdrietig haar hoofd. 'Nee, ik vrees dat een dag of vijf, zes in het bos deze keer niets uitmaken. We moeten het huis voorgoed sluiten.'

'Nu Amerika zich bij de gevechten tegen Hitler heeft aangesloten, heb ik er alle vertrouwen in dat de oorlog niet lang meer zal duren,' zei Bouli. 'Er klinken positieve signalen dat de nazi's verslagen zullen worden. We weten allemaal dat de nazi's zich in Stalingrad aan de Russische legers hebben overgegeven. En ook in Noord-Afrika zijn ze gecapituleerd. Het tij keert.'

'Ja,' beaamde Shatta. 'Er verandert wel degelijk iets. Maar niet snel genoeg voor ons huis. De Franse autoriteiten voorzien de nazi's van lijsten met Joden die in dit gebied wonen, zodat zij ons op transport naar de concentratiekampen kunnen zetten. Het gevaar voor de burgemeester hier in Moissac en al onze vrienden die ons geheim hebben bewaard, wordt steeds groter. Ook voor hen zal het beter zijn als we vertrekken.'

'Maar waar gaan we heen, Shatta?' Sarah was de enige die de moeilijke vragen durfde te stellen. 'Wie kan een huis vol Joodse kinderen verstoppen?'

'We hebben nog niet alle antwoorden,' antwoordde Shatta met enige aarzeling. 'Maar binnen de komende paar weken zullen we jullie laten weten waar jullie heen gaan en wanneer.' Ze slaakte een diepe zucht en vervolgde: 'Er is geen plek die jullie allemaal kan opnemen. Jullie worden met twee of drie man tegelijk ondergebracht in tehuizen en internaten en blijven bij mensen die jullie onderdak kunnen bieden. Ik beloof jullie dat ik het huis hier niet verlaat voordat jullie allemaal een veilig onderkomen hebben.'

Daar had je dat woord 'veilig' weer, dacht Edith. *Zouden er echt voldoende veilige plaatsen zijn voor ons allemaal?*

'We kunnen niet langer openlijk als Joden leven,' vervolgde Shatta. 'Jullie krijgen nieuwe identiteiten: nieuwe geboorteplaatsen, nieuwe namen die niet Joods zijn. Jullie zullen die namen moeten leren en erop antwoorden alsof jullie niet beter weten. Daar is oefening voor nodig. Maar ik heb er alle vertrouwen in dat jullie dit net als de kampeervaardigheden onder de knie zullen krijgen. Vergeet niet dat jullie padvinders zijn, en padvinders zijn altijd overal op voorbereid.' Met een vermoeide handbeweging liet Shatta de groep daarop gaan. Edith kon zich absoluut niet indenken hoe gefrustreerd Shatta zich moet hebben gevoeld dat ze niet allemaal bij elkaar konden blijven.

Die middag zochten Edith en Sarah Eric op bij de donkere kamer. Hij was met een paar oudere kinderen papieren en documenten aan het uitzoeken.

'Kijk,' zei hij, terwijl hij een vel papier oppakte. 'Van de kerk hebben we blanco doopakten gekregen. Voor iedereen in het huis vullen we er één in.' Dit document zou bevestigen dat Edith en de anderen hadden deelgenomen aan de religieuze ceremonie die hen inwijdde in de katholieke kerk.

'Shatta zegt dat we allemaal nieuwe namen krijgen,' zei Sarah. 'Ik ben benieuwd wie ik zal zijn.'

'Wat een gekke vraag,' zei Edith. 'Jij bent Sarah. Dit is een vermomming. Je moet alleen maar doen alsof. Je verandert er zelf niet door.'

'Als dit plan werkt, moet je meer doen dan alsof,' zei Eric. 'Het is niet zo dat je je vermomming kunt afgooien en roepen "Verrassing! Ik heb je gefopt!" Je zult in je nieuwe identiteit moeten geloven en moeten geloven dat je een ander bent. Kijk,' zei Eric en hij wees naar de naam onder zijn eigen foto op een van de identiteitspapieren. 'Ik heet nu Etiènne Giroux.'

Edith vond het niet prettig om dit te horen. Wat had Mutti ook weer gezegd voordat ze haar hier in Moissac achterliet? 'Vergeet niet wie je bent.' Hoe kon ze iemand anders worden?

'Ik ben benieuwd waar we naartoe worden gestuurd,' vervolgde Sarah. 'En of we bij elkaar kunnen blijven.'

Daar had Edith nog niet over nagedacht. Shatta zei dat ze in klein groepjes zouden worden weggestuurd. Maar Edith was ervan uitgegaan dat ze toch ten minste bij een paar van haar vriendinnen zou blijven. De gedachte om alleen te zijn maakte haar nog banger.

'Nou, ik word nergens heen gestuurd,' zei Eric.

'Wat bedoel je?' vroeg Edith. 'Iedereen vertrekt naar een onderduikadres.'

'Ik niet,' antwoordde Eric. 'Ik ga weg. Ik sluit me aan bij het verzet in het oosten van Frankrijk. Met deze papieren kan ik naar de andere kant van het land om daar tegen de nazi's te vechten. Wat vinden jullie daarvan?'

Edith staarde Eric vol ongeloof aan. Ze had gehoord van het verzet. Ze wist dat in heel Europa groepen mannen en vrouwen hun leven riskeerden om de voortgang van Hitler en zijn legers zoveel mogelijk te verhinderen, door wapens te stelen, spoorlijnen en munitieopslagplaatsen op te blazen, informatie door te geven aan de geallieerden. De meeste strijders waren christenen, maar er zaten ook joodse mannen en vrouwen in het verzet. En Eric stond op het punt zich bij hen aan te sluiten.

'Joden vechten terug waar het maar kan,' vervolgde Eric. 'Nog maar een paar maanden geleden was er een opstand in het getto van Warschau. De Joden daar weigerden nog langer opgesloten te zitten. Ik wil ook terugvechten.'

Edith had van de getto in Warschau gehoord. Bouli had hun over de opstand daar verteld. Maar bij het oproer hadden wel duizenden Joodse mannen, vrouwen en kinderen het leven verloren. Eric leek dat deel vergeten te zijn. Maar als Eric iets in zijn hoofd had, kon niets en niemand hem tegenhouden. Edith kon hem alleen maar veel succes wensen.

'Wanneer ga je weg, Eric?' vroeg ze zacht.

'Al vlug,' antwoordde hij. 'Als deze identiteitspapieren klaar zijn. Kijk niet zo verdrietig. Ik ben nog steeds niet opgepakt. En dat zal ook niet gebeuren. Bovendien ben ik officieel nog steeds fotograaf, dus laat me foto's voor de nieuwe documenten maken nu jullie hier toch zijn.'

Edith en Sarah gingen naast elkaar staan om te poseren voor hun foto. Toen het haar beurt was, keek Edith met een triest gezicht naar de camera. Ze glimlachte niet, maar deed in stilte een belofte. *Ik zal niet vergeten wie ik ben, Mutti, wat er ook op die papieren staat.*

HOOFDSTUK 16

Vergeet niet wie je bent

In de dagen daarna riepen Shatta en Bouli de kinderen in groepjes bij zich om ze hun nieuwe identiteitspapieren te geven en hun nieuwe namen te oefenen. Edith staarde naar de foto op haar nieuwe document. Haar gezicht staarde haar terug aan, serieus en zonder glimlach. Ediths aandacht werd echter getrokken door de naam onder de foto. Ze heette niet langer Edith Schwalb. De naam die onder haar foto stond, was Edith Servant. Ze fluisterde de naam een paar keer en liet het vreemde geluid door haar mond rollen. Edith Servant. Edith Servant. Nou ja, ze had in elk geval haar voornaam behouden. Dat was tenminste iets. Maar nadat ze elf jaar iemand was geweest met één identiteit, was deze nieuwe naam toch te vreemd om helemaal te kunnen bevatten.

Edith keek naar Sarah. Ze was bleek en bewoog haar lippen alsof ze aan het oefenen was voor een proefwerk. 'En? Hoe heet je?' vroeg Edith.

Terwijl ze haar ogen dichtdeed, fluisterde Sarah: 'Simone. Simone Carpentier.'

Edith knikte. Er viel niets te zeggen. Ze staarde naar het kruis op haar doopakte. Zelfs dat leek niet te passen bij haar naam op het papier. Edith Servant was katholiek. Wilde dat zeggen dat Edith Schwalb haar joodse religie moest opgeven?

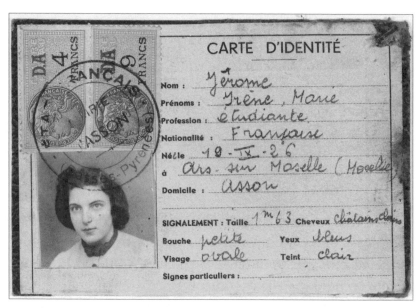

*Identiteitspapieren uitgegeven op naam van een meisje, Irene Marie
Jerome geheten. Haar echte naam was Inge Joseph. Edith had valse
identiteitspapieren net als deze.*

'Oefen je nieuwe naam,' zei Shatta tegen de groep. 'Gebruik
vanaf nu je oude naam niet meer en spreek elkaar alleen
nog maar aan bij jullie nieuwe namen.' Shatta pakte Sarahs
papieren. 'Als ik Sarah zeg, dan moet je geen antwoord geven,'
zei ze terwijl ze Sarah aankeek. 'Er mag geen enkele reactie
komen, geen hoofd omdraaien, zelfs geen knikje.' Shatta gaf
de papieren terug en ging door. 'Blijf net zo lang je nieuwe
naam oefenen totdat je niet beter weet. Jullie veiligheid hangt
ervan af. Er mogen geen fouten worden gemaakt, want een
tweede kans krijgen jullie niet.'

'Op jullie documenten staat een nieuwe geboorteplaats,'
vervolgde Shatta terwijl ze door de zaal liep. 'Leer de naam
van de stad of het dorp waar je geboren bent uit je hoofd.
Leer van buiten hoe de naam wordt gespeld. Overhoor

elkaar tot je zonder na te denken je geboorteplaats kunt noemen.'

Volgens haar papieren was Edith Servant geboren in een plaats met de naam Enghien-les-Bains. Edith stak angstig haar hand op. 'Shatta! Waar ligt dit? Ik heb nooit gehoord van En... En...' Ze gaf haar pogingen op om het uit te spreken.

Shatta keek naar het document. 'Enghien-les-Bains,' herhaalde ze. 'Dat is een plaats zo'n twintig kilometer ten zuiden van Parijs.'

Edith deed haar ogen stijf dicht zodat ze niet zou gaan huilen. Hoe kon ze iemand er nu van overtuigen dat ze uit een plaats kwam die ze niet eens kende? Als iemand haar nu eens vroeg hoe het eruitzag? Of in welke straat ze had gewoond, of hoe haar school heette? Wat moest ze dan zeggen? Ze was ten dode opgeschreven. Enghien-les-Bains. 'Bains' betekende baden. Misschien werden daar badkuipen gemaakt. Nee, dat was belachelijk. Maar een heel nieuw leven verzinnen was nog belachelijker.

De bijeenkomst was afgelopen. Edith haalde diep adem. 'Kom... Simone,' zei ze. 'We gaan oefenen.'

HOOFDSTUK 17

Het vertrek uit Moissac

E dith stond midden in een onbekende straat omgeven door mensen die ze niet kende. Boze mannen keken haar woedend aan, hun vuisten in de lucht. Soldaten richtten hun wapens op haar. Vreemde kinderen schudden triest hun hoofd en staarden. Allemaal riepen ze dezelfde vraag, wilden ze een antwoord: hoe heet je?

Mijn naam? Mijn naam, dacht ze, terwijl ze schichtig om zich heen keek of iemand haar kon helpen. Uiteindelijk fluisterde ze hulpeloos: 'Edith. Ik heet Edith.'

'Edith hoe?' riepen ze. 'Hoe heet je?'

'Het is Edith... Edith...' O, welke naam stond ook weer op haar papieren? Waarom had ze niet geoefend? Nu was het te laat. Ze werd opgepakt omdat ze zich haar naam niet kon herinneren. 'Gewoon Edith,' huilde ze.

'Weet je niet wie je bent?' riepen ze.

Ik weet wie ik ben, dacht ze buiten zichzelf. *Mutti, ik ben het niet vergeten. Ik ken alleen mijn nieuwe naam niet!* De mensen in de menigte riepen en dromden om haar heen, en ze staken hun handen naar haar uit.

Edith schoot overeind in bed en snakte naar adem. Toen begonnen de schaduwen in de slaapzaal hun vertrouwde vormen aan te nemen, en ze herkende het geluid van ademhaling van haar zaalgenoten. De maan die door het raam naar binnen scheen, wierp een warm, troostend licht. Edith ging weer liggen en wachtte tot haar hart ophield met bonzen. *Dit lukt nooit*, dacht ze. *Ik kan niet iemand anders worden. Ik kan niet de hele tijd doen alsof zonder een fout te maken.* Ze waren nog zo jong en er werd al zoveel gevraagd van haar en de anderen. Met haar elf jaar zou ze eigenlijk moeten denken aan feestjes en spelletjes, niet aan het verhullen van haar identiteit in een strijd om te overleven. Edith sloot haar ogen, maar kon de slaap niet vatten. Toen 's ochtends de eerste zonnestralen de zaal in schenen, lag ze daar nog in haar kussen te knijpen.

Zodra Edith haar karweitjes gedaan had, ging ze naar Gaston. 'Je hebt dit al eens geoefend, Gaston,' hielp ze hem herinneren, toen ze samen op de veranda aan de voorkant zaten. 'Weet je nog dat wij gingen kamperen en jij bij een gezin logeerde? Je moest toen doen alsof je hun zoon was. Je noemde hen mama en papa. Je bent goed in toneelspelen.'

Gaston leek nog meer teruggetrokken en stiller dan anders. 'Als jij weggaat, mag ik dan met je mee?'

'Shatta en Bouli beslissen waar we naartoe gaan. Dat weet je, Gaston. Als het aan mij lag, zouden we samen onderduiken tot Mutti ons kwam halen. Maar...'

Gaston wendde zijn blik af. Zwijgend bleven ze zitten tot het tijd was dat Edith moest vertrekken. Ze omhelsde haar broertje stevig en beloofde dat ze hem de volgende dag zou komen opzoeken; maar ze was bang dat ze haar belofte niet zou kunnen houden. Er waren al verschillende jongens en meisjes naar hun onderduikadres vertrokken. Ze gingen in stilte, vergezeld door leidsters, meestal 's nachts, zodat niemand het in de gaten had. Niemand vroeg waar ze naartoe waren. Het was beter om dat niet te weten. Hun onopgemaakte bedden vormden 's morgens het enige bewijs dat ze er ooit waren geweest. Zelfs Eric verdween op een nacht met een paar andere jongens. Edith had niet de gelegenheid gehad om afscheid te nemen. Elke avond keek ze de zaal rond, zich afvragend wie er de volgende ochtend nog zouden zijn. En ze vroeg zich ook af wanneer het haar beurt was.

Ze hoefde niet lang te wachten. Op een avond voelde ze plotseling dat iemand haar zacht aan haar schouders schudde.

'Edith, wakker worden.' Ze draaide zich om en keek in de ogen van de dirigent van haar koor. 'Het is tijd om te vertrekken,' fluisterde Henri. 'Kleed je vlug en stilletjes aan.'

Naast haar kwam Sarah ook uit bed. Edith had nauwelijks durven hopen dat Sarah en zij samen zouden onderduiken. Ze kleedde zich snel aan en pakte het koffertje dat onder haar bed lag en dat al was ingepakt. Op hun tenen slopen Sarah en zij hun zaal uit.

Henri stond met nog twee meisjes op hen te wachten. Ze gingen zwijgend de trap af en door de deur naar buiten. Ditmaal draaide Edith zich niet om. In deze spookachtige duisternis wilde ze het huis niet zien. Ze wilde zich alleen herinneren hoe het er overdag uitzag, als de zon schitterde op het bordje nummer 18 en waar achter de ramen zich lachende en pratende kinderen bevonden. Even vroeg Edith zich af of Shatta hen na stond te kijken. Edith had geen afscheid genomen van Shatta of van Bouli of een van de andere kinderen.

'Geen sentimenteel afscheid,' had Shatta tijdens hun laatste bijeenkomst gezegd. 'Jullie zitten allemaal in mijn hart en als de oorlog voorbij is, dan komen we hier allemaal weer samen.'

Misschien was dit ook het beste. Hoe had ze afscheid moeten nemen van Shatta en Bouli? Hoe had ze hen kunnen
bedanken voor alles wat ze voor haar hadden gedaan? Ze
vormden een gezin. Voortaan zou ze hun namen toevoegen
aan die van Vati, Mutti, Therese en Gaston als ze elke avond
haar gebeden fluisterde.

HOOFDSTUK 18

Een nieuw tehuis

T oen ze bij het station kwamen, sprak Henri met de meisjes voordat ze in de trein stapten. 'Ik moet jullie vertellen waar jullie naartoe gaan.' Henri fluisterde, ook al was het perron vrijwel verlaten. 'We rijden zo'n honderd kilometer naar het westen naar een klein plaatsje in het Gironde-district, Ste-Foy-la-Grande. Daar gaan we naar een kostschool waar jullie worden ondergebracht. De directrice verwacht ons. Ze is de enige die weet wie jullie in werkelijkheid zijn en dat jullie Joods zijn. En ze is de enige die het kan weten.'

Henri zweeg even om de informatie te laten doordringen. Een voor een knikten de meisjes, ze hadden het allemaal begrepen. Deze nieuwe plaats zou in alle opzichten anders zijn dan Moissac: geen dorpelingen die hun geheim bewaarden, geen burgemeester die hen waarschuwde voor gevaar.

Henri werd onderbroken door de aankomst van de trein. Samen met de meisjes stapte hij in een derdeklaswagon, waar ze op de houten banken tegenover elkaar gingen zitten. Edith keek vluchtig naar de passagiers om zich heen. Halverwege de wagon zaten een oudere man en zijn vrouw te slapen. Toen de trein het station verlaten had, waren ze ingedommeld, waarbij hun hoofden op het ritme van de wielen op en neer gingen. Een jonge vrouw, een paar banken verderop, zat met haar neus in een boek. Ze keek niet op of om. Edith vroeg zich af of deze mensen konden zien dat ze vermomd was.

De conducteur liep door de wagon. 'Billets! Kaartjes,' vroeg hij. Het bejaarde echtpaar werd wakker; de jonge vrouw legde haar boek neer. Henri gaf de kaartjes aan de conducteur die even een blik op het groepje wierp en doorliep. Het oude stel viel weer in slaap en de jonge vrouw ging verder in haar boek.

Henri gebaarde de meisjes om dichter bij elkaar te gaan zitten en te luisteren. 'Tot slot moet ik jullie nog dit vertellen,' zei hij, terwijl zijn ogen heen en weer schoten om te zien of iemand naar hen keek of luisterde. Maar niemand sloeg acht op hen.

'Aan de meisjes van de kostschool wordt verteld dat er een groep wezen komt. Jullie ouders zijn om het leven gekomen; jullie kunnen nergens anders heen, vandaar dat de school heeft ingestemd jullie op te nemen.'

Dit was het ontbrekende stuk in Ediths identiteitspuzzel. Nu was haar vermomming compleet. Ze had een nieuwe naam, een nieuwe geboorteplaats en haar ouders waren dood.

'Ik weet dat jullie wekenlang hebben geoefend, maar ik moet het nog een keer zeggen. Vanaf nu moeten jullie elkaar bij je nieuwe naam noemen, zelfs als jullie alleen zijn. Jullie moeten proberen te vergeten wie jullie waren.'

Nooit! dacht Edith.

'Probeer nu wat te rusten,' zei Henri. 'We moeten straks overstappen en we komen pas aan het begin van de avond in Ste-Foy-la-Grande aan. Ik heb wat brood en kaas voor ons meegenomen.'

De rest van de reis zei niemand iets. Vreemd genoeg voelde Edith geen angst, alleen een verdoofdheid. Sarah, die zwijgend naast Edith zat, leek net zo verdoofd. Edith keek naar de andere twee meisjes. Ze waren allebei ouder. Een van hen kende ze goed. De andere heette Ida en was hetzelfde meisje dat Edith en Therese als eerste over Moissac had verteld. De wetenschap dat ze allemaal samen op die kostschool zouden zitten, was een opluchting. Dat gaf troost. Suzanne, de oudste, had net als Edith haar oorspronkelijke naam behouden. Ida was Irene geworden. *Suzanne, Irene, Edith en Simone.* Steeds weer fluisterde Edith hun namen en maakte er een rijmpje mee.

Simone, Irene, Edith en Suzanne,
Vier Joodse meisjes wat niemand weten kan...

Het stomme deuntje bleef in Ediths hoofd rondzingen tot ze in Ste-Foy-la-Grande aankwamen.

Vanuit de verte was de school een vierkant, twee verdiepingen tellend stenen gebouw aan een rustige straat, die weinig indruk maakte. Hij had een kleine voortuin, omgeven door een smeedijzeren hek. De tuin stond vol prachtige essen, waarvan de tere, groene blaadjes glinsterden in het schemerlicht. De school stond naast een begraafplaats en Edith huiverde bij de gedachte aan grafstenen als buren. De meisjes volgden Henri de trap op en vervolgens het kantoor van de directrice in.

'We lopen een groot risico door jullie op te nemen,' zei de directrice, madam Picot, toen ze de kinderen welkom heette. Ze was afstandelijk en miste de vriendelijke woorden van Shatta en de warmte van Bouli. 'Jullie mogen nooit, ik herhaal, nooit, jullie ware namen of jullie geloof onthullen,' vervolgde ze. 'Jullie leven loopt gevaar als jullie dat doen, net als dat van ons. Jullie zijn katholieke wezen die bij ons op kostschool komen.'

Henri deed een stap naar voren. 'We stellen het zeer op prijs wat u doet,' zei hij. 'De kinderen zijn zich bewust van het risico dat u loopt, en ze zullen voorzichtig zijn. Hier zijn hun doopakten, identiteitspapieren en rantsoenbonnen,' ging hij verder terwijl hij de papieren aan de directrice overhandigde.

'Er is niet veel eten,' antwoordde de directrice. 'Maar we doen ons best.' Madame Picot keek nog eens naar de meisjes. 'Er zijn tegenwoordig niet veel mensen die nog Joodse kinderen opnemen. Dus ik neem aan dat jullie dankbaar zijn voor hetgeen jullie krijgen.'

Henri wendde zich weer tot Edith en de andere meisjes. 'Ik moet nu gaan. Maar een van ons van het huis zal proberen jullie eens per maand te komen bezoeken, als dat kan. Hier.' Hij haalde vier kleine pakjes uit zijn zak. 'Chocolade, van de kokkin, als afscheidscadeautje. Pas goed op elkaar,' zei hij. En toen was hij weg.

Edith keek naar de chocolade, een schat in deze tijd waar alles op rantsoen was. Maar ze had er graag afstand van willen doen als ze terug mocht naar Moissac.

'Goed dan,' zei Madame Picot nadat Henri was vertrokken. 'Volg mij maar. Dan kunnen jullie uitpakken en kennismaken met jullie zaalgenootjes.'

De meisjes volgden de directrice de trap op. Ze bleef staan bij een grote zaal en gebaarde dat Ida en Suzanne naar binnen moesten gaan. Daarna liep ze door naar de zaal voor Edith en Sarah.

Wat was die zaal smerig, wat een verschil met Moissac

waar alles schoon en fris was geweest! Hier zaten de muren onder de vlekken; verschillende boekenplanken waren kapot en de houten vloer was verkleurd en zat vol gaten. Er hing een muffe lucht. Er stonden minstens twintig bedden en aan de ene kant van de zaal bevond zich een rij wastafels. In een lange muur waren grote, smerige ramen. Edith was opgelucht toen ze zag dat de twee lege bedden naast elkaar stonden. De meisjes zetten hun koffers erop en begonnen uit te pakken. Edith wierp een blik uit het raam en huiverde. Het raam keek uit op het kerkhof.

'Als je niet uitkijkt, komen de geesten je pakken terwijl je ligt te slapen.'

Edith draaide zich om en zag een paar meisjes die naar haar en Sarah stonden te staren.

'Hoe heet je?' Het grootste meisje sprak tegen haar. Alle meisjes zagen er ouder uit en niet bepaald vriendelijk. Henri had verteld dat het voornamelijk boerendochters waren die door de week, als het school was, op de kostschool zaten. In de weekeinden gingen ze naar huis op het platteland. 'Hoe heet je?' vroeg het meisje weer, maar nu harder.

'Edith,' antwoordde ze en zweeg toen. 'Edith Servant.' De naam klonk vreemd in haar oren.

'Hallo. Ik ben Simone Carpentier.'

Edith vroeg zich af waar Sarah al dat zelfvertrouwen vandaan haalde.

De meisjes keken nog even naar Sarah en Edith en wendden zich toen schouderophalend en ongeïnteresseerd af.

'Wezen,' mompelde het grote meisje.

Edith had niet veel uit te pakken en na een paar minuten had ze al haar spullen op de kleine plank naast haar bed staan. Ze liet zich op haar bed vallen. Deze zaal zag er zo verlaten uit als Edith zich voelde. Ook al was Sarah er, toch voelde ze zich helemaal alleen. Ze had haar ouders of broertje en zusje niet in de buurt om haar te troosten. Ze had de mensen uit het huis in Moissac niet om haar te beschermen. Ze dacht zelfs niet aan Sophie, of fluisterde naar haar als ze iets nodig had om zich aan vast te klampen. Edith besefte dat ze nu helemaal op zichzelf was teruggeworpen, op zichzelf en op welke herinneringen ook die ze kon oproepen.

Ze keek uit het raam en zorgde ervoor dat ze daarbij de begraafplaats of het gat in haar groezelige deken niet zag. Ze was uitgeput; vermoeid van de reis en beu om Edith Servant te zijn. En dit was nog maar haar eerste dag. Hoe zou ze zich in de komende dagen of weken ooit kunnen redden?

De eerste sterren lieten zich zien en glinsterden in de duisternis buiten haar kamer. Aan de horizon verscheen een stukje van de maan. Edith keek naar de donker wordende lucht. Het was vrijdagavond. Als ze nog in Moissac was geweest, dan waren ze nu bezig met de voorbereidingen van de sabbat: witte tafellakens en kaarsen, kippensoep en liedjes die werden gezongen door het koor.

Edith keek de zaal rond. De meisjes die niet voor het weekeinde waren vertrokken, zaten te lezen of te kletsen. Ineens kreeg ze een idee. Ze wenkte Sarah, die haar verbluft aankeek, maar Edith toch de zaal uit volgde, de gang in. Edith gebaarde dat Sarah voor de andere slaapzaal moest blijven staan. Even later kwam ze naar buiten met Ida en Suzanne. De meisjes liepen op hun tenen de trap af en gingen door de achterdeur naar een grote tuin. Ze haastten zich naar een klein, afgelegen stukje, een eind van het huis vandaan. Toen ze in de uiterste hoek van de tuin waren gekomen, bleef Edith staan en keek de anderen aan.

'Shabbat shalom,' flapte ze eruit. Haar ogen schitterden als de sterren die boven haar hoofd fonkelden. 'Ik wens jullie vrede op deze sabbat.'

Sarah snakte naar adem, en Ida en Suzanne keken vlug om zich heen. Keek er iemand? Kon iemand hen zien? Kon iemand horen wat ze zeiden?

'Shabbat shalom,' herhaalde Edith. 'Als we zachtjes praten, dan kan niemand ons hier horen.'

Sarah aarzelde. 'Shabbat shalom,' fluisterde ze eindelijk.

'Shabbat shalom,' zei Ida, gevolgd door Suzanne.

Edith pakte haar vriendinnen bij de hand en begon een rondedans. Ze zongen zacht en huppelden voorzichtig, want ze wisten dat de slaapzalen niet ver weg waren en dat ze misschien werden gezien. Eerst dansten ze langzaam en gingen toen steeds sneller totdat ze huppelden en draaiden met een plezier dat ze lang niet meer hadden gehad. Ze draaiden elkaar rond en rond, terwijl ze zich verheugden in een Joodse feestdans. Edith wist dat ze de volgende ochtend moest doen alsof ze iemand anders was; maar op dit moment, terwijl ze haar geloof en haar vrijheid opeiste, danste ze onder de sterren, in de vrede van deze sabbat-avond.

HOOFDSTUK 19

1943
Ste-Foy-la-Grande

Het leven in het nieuwe huis viel Edith zwaar. Niet dat de Joodse meisjes slecht werden behandeld. Niemand was met opzet wreed. Ze werden gewoon genegeerd. Het was bijna alsof ze niet bestonden. Niemand keek naar hen om. En bij afwezigheid van leiding die voor hen zorgde en zonder te worden gekoesterd door Shatta en Bouli, kon Edith het niet opbrengen om voor zichzelf te zorgen.

Elke dag trok ze voor school de enige jurk aan die ze had. Ze had vanuit Moissac maar heel weinig kunnen meenemen: één jurk, één rok, één schort, een paar stelletjes ondergoed en sokken. Edith en Sarah probeerden hun kleren in de wasbak te wassen, maar zeep was schaars, en naarmate de weken voorbijgingen, kwamen Ediths kleren er steeds viezer en havelozer uit te zien.

Erger nog was dat ze zelf ook vies werd. In deze vuile omgeving was er geen mogelijkheid om een bad te nemen. Omdat het toch niemand iets kon schelen, hield Edith op een gegeven moment op zichzelf te verzorgen. Het enige om naar uit te kijken vormden de bezoekjes van Germaine.

Henri had beloofd dat iemand van Moissac elke maand

111

bij de meisjes zou langsko-
men en hun nieuwe rant-
soenbonnen zou geven. De
eerste keer dat Germaine
kwam, sprong Edith bijna
in haar armen. Germaine
had voor de meisjes een
klein stukje chocolade
meegebracht en een arm-
lading vol medeleven.

'Het eerste wat ik ga
doen,' zei ze, 'is jullie vieren mee naar een bad-
huis nemen.' De meisjes
volgden Germaine de stad
door, langs een aantal res-
taurants, de boekenwinkel
en de kerk. Niemand lette

*Edith (rechts voor) werd samen met Ida
(links achter), Suzanne (tweede van
rechts, achter) en Sarah (links voor) naar
de school in Ste-Foy-la-Grande gestuurd.*

op hen, ook al moesten ze er hebben uitgezien als een stel
straatkinderen.

In het badhuis gaf Germaine de kinderen kleine stukjes
zeep. Het warme water voelde zalig aan op Ediths jonge lijfje.
Ze gooide haar hoofd achterover, deed haar mond open en
liet het water over zich heen stromen, en ze waste zo het verdriet en de eenzaamheid, het vuil en de viezigheid van een
maand weg. Kon ze maar terug met Germaine, terug naar de
warmte van Moissac. Daar had ze zich beschermd en geliefd
gevoeld.

Edith had Germaine wel duizenden vragen willen stellen:
had ze Gaston gezien? Waar was Eric naartoe gegaan? Was
hij veilig? Hoe was het met Shatta en Bouli. Maar ze had het

idee dat ze de veiligheid van degenen van wie ze hield in gevaar zou brengen als ze de antwoorden op deze vragen kende. Dus zei Edith niets, maar koesterde ze de tijd met Germaine en was ze elke keer weer bedroefd als ze afscheid moesten nemen.

Germaines bezoeken hielpen, maar één bad per maand was niet genoeg om het vuil en de luizen weg te houden. Toen Edith en Sarah in het begin op hun hoofd krabden, dachten ze dat hun huid jeukte omdat ze hun haar niet hadden gewassen. Maar ze konden niet om het bewijs heen: ze hadden luizen.

De boerendochters besteedden weinig aandacht aan de luizen. Ze hielden hun haren kortgeknipt of behandelden hun hoofdhuid met petroleum om de beestjes te doden. Edith en Sarah probeerden de petroleumbehandeling ook. Edith had er baat bij, maar Sarah niet.

'Ik word gek van de jeuk,' klaagde ze op een ochtend, toen ze met Edith in hun klas op de begane grond bij de kachel zat. Het was nu bijna november en het was bitterkoud in hun slaapzaal, en elders in het huis was het ook niet warm.

'Je moet ophouden met krabben, Simone,' zei Edith. 'Moet je eens zien wat je met je hoofd doet!' Sarahs hoofdhuid was helemaal kapot gekrabd. Tussen haar ooit zo prachtige lange haren zaten nu lelijke, rode striemen.

'Ik kan er niets aan doen,' zei Sarah, terwijl ze op haar handen zat. 'Ik heb het gevoel dat ze dwars door mijn hoofdhuid heen gaan!' Ze krabde nog eens, haalde een luisje van onder haar vingernagel vandaan en bekeek die nauwkeurig.

'Hoe kan zoiets kleins zo walgelijk zijn?' vroeg ze en ze liet de luis op de kachel vallen. Even bleef het beestje liggen, om daarna met een knetterend geluid op en neer te springen.

Uiteindelijk klapte hij vlak voor Sarah en Edith uit elkaar. De meisjes keken elkaar verbaasd aan om vervolgens in lachen uit te barsten.

'Dat is het!' riep Sarah uit. 'We blazen ze op! Vaarwel luizen!'

Samen met Edith begon Sarah alle luizen die ze konden vinden uit haar haren te halen om ze daarna op de hete kachel te gooien. De ene na de andere luis knetterde om vervolgens uit elkaar te spatten. Het was net zo gek als het leuk was.

'Zo, smerige luis die je bent!' riep Edith. 'Dat zal je leren om bij mij in de buurt te komen!' Hoewel ze gewoonlijk heel behoedzaam en voorzichtig was, voelde ze zich nu wild en sterk. En dat was een heel goed gevoel. Samen met Sarah ging ze door met luizen op te blazen tot ze de onderwijzeres en de leerlingen hoorden komen. Toen sprongen ze op hun plaats, deden hun hoofd omlaag en probeerden zo min mogelijk op te vallen. Hun moment van pret maken was voorbij.

Maar hoeveel pret ze ook hadden gehad, het probleem van Sarahs luizen was er niet door verdwenen. Ze bleef maar krabben op haar hoofdhuid. Ze probeerde op te houden. Ze probeerde de vreselijke jeuk te negeren. Ze probeerde handschoenen te dragen, dag en nacht, om te vookomen dat ze haar hoofdhuid kapot krabde; maar de luizen bleven zich nestelen, het krabben ging door en de striemen gingen steeds meer pijn doen en raakten ontstoken. Om ervoor te zorgen dat ze niet geïnfecteerd raakten, was er maar één oplossing.

'Nee,' jammerde Sarah. 'Ik wil mijn haren niet afknippen. Alles, maar niet dat!' Ze pakte de slierten haar bij elkaar en draaide die in een knot achter op haar hoofd in een poging haar haren in haar vuist te verbergen. Edith ging pal voor haar staan met de schaar van de klas in haar hand. Ze zei niets: ze bleef gewoon staan, haar vriendin vastberaden aankijkend. Uiteindelijk gaf Sarah toe en ging voor Edith zitten.

Zonder een woord te zeggen, begon Edith te knippen. Elke keer dat de schaar door haar haren gleed, kromp Sarah in elkaar. Maar ze liet geen traan en klaagde niet. De haren bleven maar vallen, het waren net tranen die als een waterval in een poel rond haar voeten vielen.

De dagen daarna werd Sarah stil en teruggetrokken, alsof alle levenskracht er met haar haren was afgeknipt. Haar ogen werden steeds treuriger en holler en haar blik steeds afweziger.

'Simone, wees alsjeblief niet zo verdrietig,' smeekte Edith, in een poging haar wat op te beuren zoals haar vriendin dat ook altijd bij haar had gedaan. 'Je haren groeien vanzelf weer aan, wacht maar af.' Sarah reageerde niet. Edith wist ook dat het verlies van haar haren niet de enige reden was voor Sarahs verdriet. Het was het verlies van alles in haar leven: haar familie, haar vrijheid, haar identiteit.

Edith probeerde Sarah wat op te monteren door zelf vrolijk te lijken; maar diep in haar hart was ze net zo verdrietig als Sarah. Het was zo veel moeilijker om hier ondergedoken te zitten dan in Moissac of in de bossen tijdens een Camp Volant. Hier moest Edith verhullen wie ze was. Ze wist dat ze niets aan Sarahs wanhoop kon doen en ze had er eenvoudigweg de energie niet voor om te blijven proberen. Vergeleken met de problemen om je identiteit te verhullen en honger te lijden, stelden de problemen met de luizen en het vuil amper iets voor.

Edith had altijd honger. De rantsoenering was zo ver teruggedraaid dat ze op sommige dagen niet meer te eten had dan een kom pap als ontbijt en soep met een stukje aardappel als lunch. Het avondeten was een smerige brij van gepureerde prei die zo afschuwelijk was dat Ediths maag bij de geur alleen al omdraaide. Ze kon haar borstbeen zien. Ze voelde haar ribben uitsteken. De grappen die de boerendochters maakten over het slechte eten en de rantsoenering in de steden en elkaar de loef afstaken met hun beschrijvingen van de verse groenten en fruit, vlees en kaas die tijdens de weekeinden thuis op hen stonden te wachten, maakten het er niet beter op. Edith en Sarah konden alleen maar luisteren en dromen van eten.

'Als ik naar huis ga, dan krijg ik een groot bord stamppot met bergen aardappelpuree en ijs en vruchtentaart en...'

Op een zondagochtend liepen Edith en Sarah in de achtertuin. Hier, buiten gehoorsafstand van het huis, konden ze praten zonder bang te hoeven zijn als Joden door de mand te vallen.

Sarah knikte en glimlachte flauwtjes. 'Ik wil gewoon naar huis.'

'Dat weet ik, maar ik kan het niet nalaten om over eten te praten.' Edith probeerde Sarahs somberheid te negeren. 'Misschien krijg ik wel een croissant, misschien wel tien... of een grote zak snoepjes.'

De meisjes waren goed bekend in de achtertuin. Hier, in het uiterste puntje, dansten ze elke vrijdagavond en wensten ze Suzanne en Ida een vredige sabbat. Maar nu werd hun aandacht een andere kant uit getrokken, in de richting van de keuken. De kokkin loosde iets in een grote vuilnisvat. Ze schraapte en schudde met haar pan, keerde zich toen om liep het gebouw in.

'Kom,' zei Edith. 'Laten we kijken wat daar is.' Ze duwde

Sarah in de richting van het vuilnisvat. De meisjes keken voorzichtig om zich heen om te zien of niemand hen zag en gluurden er toen in. De lucht was overweldigend, een combinatie van rottende groente en bedorven vlees. Maar tussen het rottende afval zag Edith iets liggen.

'Hé,' zei Edith. 'Volgens mij ligt daar iets eetbaars.'

'Laten we gaan.' Sarah keek angstig om zich heen. 'Anders krijgen we problemen.'

'Ik heb het zo.'

Edith hield haar neus dicht, stak haar hand in het afval en trok er een bos rottende wortelen uit.

Vervolgens renden de twee meisjes naar de bijgebouwen in de achtertuin. Veilig binnen bekeek Edith haar vondst, poetste voorzichtig het vuil eraf en brak de stukken eraf waar te veel schimmel op zat om nog op te eten.

'Het komt niet van de boerderij, maar het is beter dan niets.' Edith grinnikte.

Ze gaf de helft van haar buit aan Sarah, die dankbaar glimlachte. De meisjes gingen zitten om te eten. *Het was slordig van de kokkin om voedsel weg te gooien dat nog kan worden opgegeten,* dacht Edith. Maar de slordigheid van de kokkin bleek Ediths en Sarahs redding. Rottende worteltjes hadden nog nooit zo goed gesmaakt. Het was geen feestmaal, maar het vulde wel een paar lege hoekjes van Ediths maag. De meisjes waren net klaar met eten toen de kerkklokken begonnen te luiden. Ze waren alle besef van tijd verloren.

Juist op het moment dat de directrice haar kantoor uit kwam, renden ze het huis in. 'Waar hebben jullie gezeten?' wilde ze weten.

'We zijn even in de tuin gaan wandelen, madame,' antwoordde Edith hijgend.

Madam Picot keek de meisjes achterdochtig aan. 'Nou, ga maar naar de anderen,' zei ze uiteindelijk. 'Het is tijd om naar de kerk te gaan.'

Edith en Sarah volgden de directrice en liepen naar de kerk.

HOOFDSTUK 20

Bidden tot God

Toen de meisjes te horen kregen dat ze elke week naar de kerk moesten, was Edith doodsbenauwd. Mensen *vertellen* dat ze katholiek was, was één ding, maar hoe kon ze zich nu als katholiek *gedragen?* Er zou van haar worden verwacht dat ze de gebruiken van de kerk kende, en van de Latijnse mis. Natuurlijk zou haar onwetendheid iemand opvallen, en dan zou haar ware identiteit aan het licht komen.

Maar ze had geen keus. Ze keek naar de meisjes om zich heen en deed elke beweging na. Ze knielde als zij knielden, vouwde haar handen voor zich, boog haar hoofd en sloeg gelijktijdig keurig een kruis. Ze leerde de juiste Franse antwoorden en mompelde iets onverstaanbaars als er iets in het Latijn moest worden gezegd. Al snel werd alles vertrouwd.

De pracht en praal van de kerk in Ste-Foy-la-Grande bleef Edith verbazen. Het was een gigantisch grijs stenen gebouw met twee hoge torens en een groot kruis boven de deur. Het warme, donkere hout van de kerkbanken glom; de zon scheen door de kleurrijke glas-in-loodramen hoog bovenin en wierp een helder, veelkleurig licht door de hele lengte van de gangpaden. Het beeld van de Maagd Maria leek te glimlachen en haar armen naar Edith beneden uit te strekken alsof ze de bescherming en zorg aanbood waar zij zo naar verlangde. Er mocht dan een oorlog woeden, maar hier, in deze plaats van verering, was alleen vrede en sereniteit.

Edith liep zelfverzekerd naar de rij kerkbanken en knikte even. Ze gleed de kerkbank in naast Sarah en knielde op het smalle kniebankje voor haar. Toen sloeg ze een kruisteken, net zoals ze de anderen had zien doen. Met de twee eerste vingers van haar rechterhand raakte ze haar voorhoofd, het midden van haar borst en toen haar linker- en vervolgens haar rechterschouder aan. Tot slot vouwde ze haar handen en sloot haar ogen.

God, u vindt het toch niet erg hè dat ik net doe of ik katholiek ben? vroeg Edith stilzwijgend. Ze wist dat God God was, waar je ook was, of hoe je ook bad. De God in de kerk was dezelfde God die ze kende, en ze bad in stilte.

'Zorg dat Mutti en Vati veilig zijn. Waak over Gaston en Therese en over alle kinderen van Moissac. Zorg voor Shatta, Bouli en Germaine en Henri. Sarah is zo verdrietig. Bescherm haar alstublieft en zorg dat ze weer gaat lachen. En God,' fluisterde ze. 'Ik probeer dapper te zijn, maar eigenlijk ben ik heel bang om hier te zijn. Help mij alstublieft ook.'

Edith deed haar ogen open en staarde naar het beeld van de Maagd Maria, naar haar zachte ogen en haar uitgestrekte armen. Plotseling voelde ze een drang om zich in die moeder-lijke armen te werpen. De priester dreunde een gebed op en de parochianen antwoordden, en Edith moest denken aan de diensten in de synagoge waar ze vele jaren geleden in Wenen naartoe was geweest. Destijds had ze de Hebreeuwse woorden van de rabbi evenmin begrepen als het Latijn van de priester, maar net als toen genoot ze nu van de eenvoudige gezan-gen.

Al te vlug was de mis voorbij. De parochianen stonden op

en Edith deed hetzelfde. Ze sloegen een kruis en zij deed dat ook. Plotseling snakte Sarah, die naast haar zat, naar adem en Edith verstijfde. De twee meisjes keken elkaar aan en beseften precies op hetzelfde moment dat Edith met haar linkerhand een kruisteken had gemaakt en niet met haar rechterhand.

Ediths gezicht werd rood en haar hart bonsde terwijl de zweetdruppels op haar voorhoofd kwamen. Een kruisteken maken was in een katholieke kerk zoiets elementairs dat als je dat verkeerd deed, je bijna de hele wereld liet weten dat je een indringer was. In gedachten hoorde ze Shatta's stem: 'Er mogen geen fouten worden gemaakt. Jullie veiligheid zal hiervan afhangen.'

Edith had niet alleen haar eigen leven op het spel gezet, maar misschien had ze Sarah en de anderen eveneens in gevaar gebracht. Wanhopig keek ze naar de gezichten om zich heen. Had iemand het gezien? Mannen en vrouwen gaven elkaar een hand en begroetten elkaar en wensten elkaar vrede toe en een snel einde van de oorlog.

Niemand had op haar gelet.

Sarah stak haar hand uit naar haar vriendin en samen liepen de twee meisjes snel de kerk uit.

'Dat was op het nippertje,' fluisterde Edith.

Sarah knikte. 'Ik dacht dat Jeanette naast me het zag, maar daar ziet het niet naar uit.' Net als alle meisjes was Jeanette met haar vriendinnen aan het giechelen en praten en deed ze net of Edith en Sarah niet bestonden. Voor één keer was Edith dankbaar dat Sarah en zij nauwelijks zichtbaar waren. Onzichtbaar zijn betekende dat fouten misschien onopgemerkt bleven. Toch moesten ze extra voorzichtig zijn.

Edith maakte zich de rest van de dag zorgen. *Misschien is het beter dat ik niet meer wegga uit de school,* dacht ze. *Misschien moet ik gewoon binnenblijven, plaatsen vermijden waar één klein foutje me kan verraden.*

Edith had dan ook gemengde gevoelens toen ze de volgende dag achter madame Picot en de anderen aan liep voor een gewone wandeling naar het warenhuis in de stad. Daar kocht mevrouw spullen voor de school, waarna de meisjes de pakjes moesten dragen. Edith vroeg zich vaak af wat er met al die aankopen werden gedaan. In elk geval zagen zij en haar vriendinnen uit Moissac nooit iets terug van de zeep of de kleren die madame had gekocht.

Edith liep langzaam door de halflege paden van de winkel, keek naar de schaarse artikelen op de schappen en vulde de lege plaatsen met gedachten aan alle dingen die zij graag zou willen kopen. Voordat ze er erg in had, dacht ze terug aan haar kindertijd toen ze met Therese 'winkeltje' speelde.

'Ik neem een fles parfum en twee stukken zeep. O nee, niet dat parfum, dat heel dure.'

Therese, de verkoopster, haastte zich om de dingen te pakken die haar jonge klant had gevraagd. 'Zeker, mademoiselle, het allerbeste.'

'Dan neem ik twee flesjes. Kunt u ze voor me inpakken?'

Toen de herinnering aan die dagen terugkwam, stak Edith haar hand uit om de kleurige linten aan te raken die op een tafel lagen uitgestald. Wat zou ze er graag zo een hebben om in haar haar te vlechten, net als Mutti zo vaak had gedaan. Ze was zo opgegaan in haar prettige dagdroom, dat ze niet merkte dat er pal voor haar iemand stilstond.

'Dag meisje.'

Geschrokken keek Edith in het gezicht van een nazi-soldaat.

'Ik zei "dag",' herhaalde de soldaat.

'Bonjour. Goedendag,' mompelde Edith. De woorden bleven bijna in haar keel hangen.

De soldaat keek haar aan met een licht spottend lachje. Hij was lang en stond kaarsrecht, met zijn armen nonchalant voor zijn borst gevouwen. Hij wiegde licht op en neer en ze hoorde het gekraak van zijn grote, zwarte laarzen.

'Hoe heet je?' De soldaat boog zich voorover. Edith kon zijn sigarettenrook ruiken.

'Ik heet Edith,' bracht ze uiteindelijk met schorre stem uit. 'Edith Servant.'

'Edith,' zei hij peinzend, terwijl hij haar van top tot teen bekeek. 'Een Duitse naam, nietwaar?'

Ediths hoofd tolde. Wat bedoelde hij? Hoorde hij iets in haar accent dat volgens hem niet Frans klonk? Had hij geraden dat ze een Jodin was? Zou hij haar wegslepen? Neerschieten? Terwijl ze tegenover deze nazi-soldaat stond, schoten al deze gedachten door Edith heen. Toen wist ze ineens wat ze moest zeggen.

'Edith is een Franse naam', antwoordde Edith terwijl ze de soldaat recht aankeek. 'Heeft u nog nooit van Edith Piaf gehoord?' Edith Piaf was Frankrijks meest geliefde zangeres. Haar foto's stonden in alle kranten en tijdschriften en iedereen kende haar muziek.

De soldaat was even stil en grinnikte toen. 'Ja, natuurlijk. Heel slim, je bent net zo'n klein musje als Edith Piaf.' Hij gaf haar een tikje op haar hoofd en liep door.

Edith kneep haar ogen stevig dicht in een poging het beven onder controle te krijgen. Natuurlijk moet de soldaat gemerkt hebben dat ze Joods was, maar had hij ervoor gekozen om dat te negeren. Misschien had hij wel plezier gehad om haar snelle antwoord. Het had beslist haar leven gered.

123

'Is er iets met je?' Edith deed haar ogen open en zag dat Sarah naar haar stond te staren.

'Heb je gezien wat er daarnet is gebeurd?' vroeg Edith.

Sarah knikte.

Dat was nu al de tweede keer dat ze bijna ontdekt was, dacht Edith toen ze achter Sarah en de anderen naar buiten ging, terug naar hun school. Dat kwam neer op twee heel angstaanjagende ervaringen. Dat was meer dan ze in twee dagen aankon. Dat was meer dan de meeste mensen in een heel leven aankonden.

HOOFDSTUK 21

April 1944
Sarahs verdriet

E en aantal dagen kon Edith het beeld van de soldaat niet uit haar gedachten zetten. Ze hoorde nog steeds het gekraak van zijn laarzen, rook nog steeds de geur van muffe sigarettenrook. Ze droomde van soldaten die vragen naar haar schreeuwden omdat ze keer op keer een kruisteken met haar linkerhand had gemaakt.

Als Edith wakker werd, was ze verward en wist ze niet meer waar ze was. *Waar ben ik?* vroeg ze zich dan af, liggend in het donker. Wie ben ik? vroeg ze als ze op school was. *Heb ik de man die de melk bracht verteld dat mijn ouders dood zijn? Waar kom ik vandaan? Waar ben ik geboren?* En al die tijd werd Edith achtervolgd door de laatste woorden van Mutti: 'Vergeet niet wie je bent.' *Wie ben ik,* mijmerde Edith, *als ik elke dag lieg tegen de mensen om me heen?*

Het duurde weken voordat het leed van die dag verflauwde tot een dof verdriet. Edith stopte het diep weg, waar anderen niet konden zien hoeveel pijn het deed. Dat was de enige manier die ze kon bedenken om door te gaan. Het was de eerste warme dag in de lente. Edith en Sarah verbleven nu zeven maanden op de school. Hoe was het mogelijk? Zouden ze nog een winter ondergedoken moeten zitten?

De meisjes zaten op de schooltrappen te luisteren hoe in de verte bommen ontploften als onregelmatige, gedempte donderslagen. Een explosie, stilte, dan twee hardere klappen. Dit gedreun van bommen was geregeld te horen.

'Misschien zijn die bombardementen wel een goed teken,' zei Sarah voorzichtig. 'Misschien betekent het dat de oorlog gauw voorbij zal zijn.'

Edith knikte. Ze wist dat de vliegtuigen van de geallieerden de legers van Hitler aanvielen.

Een paar avonden daarvoor waren Sarah en zij op strooptocht geweest achter de keuken en had ze de stem van president Franklin Delano Roosevelt van de Verenigde Staten op de radio gehoord.

'Totdat de overwinning die nu zeker is, een feit is, zullen de Verenigde Staten hun inspanningen voortzetten om de slachtoffers van de wreedheid van de nazi's te redden. Deze regering zal alle beschikbare middelen inzetten om alle beoogde slachtoffers van de nazi's te helpen vluchten.'

De boodschap van de president was in het Engels, een taal die Edith hier op school leerde. Ze begreep niet elk woord dat ze hoorde, maar een paar daarvan waren duidelijk. De president, die bevelhebber was, had gezegd *'dat de overwinning nu zeker is.'* Dat betekende dat de Verenigde Staten en de geallieerden Hitler en zijn legers zouden verslaan.

'Laten we hopen dat het waar is,' zei Edith nu.

Boven hun hoofden fluisterden de bladeren van de es en ruisten in de warme bries. Edith draaide haar gezicht naar de zon. Tussen de donkergroene bladeren zag ze honderden vlinders, hun vleugels stijf op elkaar, zich vastklampend aan de bladeren en wiegend in de zachte wind.

Edith was zo verrukt dat ze amper in de gaten had dat Sarah was opgesprongen en naar een jonge man liep die bij het open hek stond. Ze keek op net op het moment dat Sarah zich in zijn armen wierp.

'Jacques!' riep Sarah. 'Wat doe je hier! Hoe ben je hier gekomen? Edith, dit is mijn broer, Jacques.' Sarah was zo opgewonden dat ze maar door bleef ratelen.

Jacques was lang en mager, en zijn kleren waren gehavend en pasten slecht. Zenuwachtig zette hij zijn pet af en keek om zich heen. 'Ik heb wekenlang rondgetrokken, Sarah,' mompelde hij. 'Ik heb overal naar je gezocht. Uiteindelijk vond ik Germaine, je leidster in Moissac. Het duurde even voordat ik haar had overtuigd dat ik je broer was en dat ze me kon vertellen waar je was.' Jacques glimlachte wrang. 'Ik denk dat mijn uiterlijk haar niet aanstond.'

Sarah danste bijna. 'Het belangrijkste is dat je hier bent.' Toen keek ze om zich heen en liet haar stem dalen. 'Maar je kunt niet blijven, Jacques. De anderen denken dat we wezen zijn, dat we niemand hebben. O, maar vertel me alsjeblieft hoe het met jou gaat, en met maman en...'

'Ik heb niet veel tijd, Sarah,' onderbrak Jacques haar. 'En er is geen goede manier om het je te vertellen. Maman is gestorven. Een kou op haar borst. Ik heb geprobeerd een dokter te vinden en medicijnen, maar niemand kon ons helpen.'

Jacques en Sarahs moeder hadden ondergedoken gezeten in een schuur. Van de boer mochten ze blijven zolang ze geen overlast veroorzaakten. Hij beschreef hoe Sarahs moeder steeds zwakker werd totdat ze niet meer kon. Voordat hij op zoek was gegaan naar Sarah, had hij haar in het veld bij de boer begraven. Terwijl Jacques aan het vertellen was, zag Edith hoe Sarah terug in haar schulp kroop.

'En papa?' fluisterde Sarah.

Jacques schudde zijn hoofd. 'Nog steeds geen nieuws.'

'En jij, Jacques?' vroeg Sarah. 'Wat ga jij doen?'

'Ik ga me aansluiten bij het verzet. Nu maman er niet meer is, ben ik vrij om te gaan.'

Sarah schudde haar hoofd. 'Vrij?'

Jacques haalde zijn schouders op. 'Vrij genoeg.'

Hij bleef nog een paar minuten. Toen drukte hij Sarah tegen zich aan, nam afscheid van Edith en liep over het pad naar het hek.

De twee meisjes zaten samen op de trap aan de voorkant en zeiden niet veel. Een vlinder fladderde langs Ediths gezicht en vloog toen weg tot hoog in de helderblauwe lucht. Kort daarvoor was de lucht gevuld geweest met deze tere vlinders. Nu was er niets meer.

Wat is dit wreed, dacht Edith. Ze had de vlinders tot leven zien komen op het moment dat Jacques net was aangekomen om mee te delen dat Sarahs moeder was gestorven. Het begin en het einde van het leven. Edith legde haar arm om Sarahs schouders en bleef bij haar vriendin zitten tot het tijd was om de klas in te gaan.

HOOFDSTUK 22

De bombardementen

Sarah sprak de rest van de dag nauwelijks een woord en Edith probeerde niet eens met haar te praten. Wat viel er te zeggen? Edith kon trouwens alleen aan haar eigen moeder denken.

Was ze egoïstisch, vroeg ze zich af, om zich geheel in beslag te laten nemen door haar eigen familie terwijl Sarah door een hel ging? Maar die gedachten kwamen nu eenmaal. Was Mutti veilig? Lag ze ergens ziek en vocht ze voor haar leven? Zou Therese de volgende zijn die met vreselijk nieuws op de trappen van de school verscheen? Dat was onvoorstelbaar. Maar wie had zich alles wat in de afgelopen maanden en jaren was gebeurd, wel kunnen voorstellen? Het was allemaal zo onwaarschijnlijk.

Die dag na school ging Edith op Sarahs bed zitten en hield haar hand vast. Met een bleek gezicht lag Sarah daar met haar ogen dicht en zei geen woord. In het begin had Edith het gedempte geluid van motoren in de verte en de doffe ontploffingen nauwelijks in de gaten. Maar het geronk van de vliegtuigen werd al snel luider.

'Wat vreemd,' zei Edith. 'Het is net alsof de vliegtuigen deze kant uit komen. Misschien vliegen ze in een cirkel terug naar hun doelen.'

Maar het geronk veranderde in een gedreun en het gedreun in een gebulder totdat het ernaar uitzag dat de vliegtuigen het op de school hadden gemunt.

Ediths grip op Sarahs hand verstevigde. 'Simone,' zei ze dringend. 'Ik denk dat we beter...'

Door de explosie verbrijzelde het raam boven hun bed. Terwijl ze hun hoofden bedekten, doken Edith en Sarah op de grond, elkaar stevig vasthoudend. De grond deinde waardoor Edith en Sarah eerst tegen elkaar werden gegooid en vervolgens tegen het ledikant. Een scherpe fluittoon sneed door de lucht.

'Er komt er nog een!' gilde Edith.

De volgende bom ontplofte op de begraafplaats naast hen. De knal weerkaatste in Ediths hoofd terwijl de lichten in de zaal flikkerden en uitgingen. Schilderijen vielen samen met stukken kalk van het plafond. Rook en stof vulden de ruimte. Elke keer als de vloer trilde, sprongen stukken glas omhoog. Edith hoorde de andere meisjes schreeuwen en huilen van angst.

Ze kon niet ademen. Haar hart bonsde zo hard dat het de vliegtuigen leek te overstemmen. De volgende bom zou vast op hun gebouw neerkomen. *Zal ik op deze manier eindigen?* vroeg Edith zich af. Nee! schreeuwde het van binnen haar geest. *Dit kan niet. Ik wil zo niet doodgaan. Dat wil ik niet.*

Enkele seconden later klonk opnieuw de fluittoon en Edith deed haar ogen dicht. Maar deze keer was de dreun verder weg. Door de explosie ging de ruimte nog een keer zacht op en neer. Ze hoorde in de verte het rommelende geluid van de vliegtuigen steeds verder afnemen en toen was het stil.

Minuten gingen voorbij terwijl Sarah en zij onder het bed lagen, elkaar stevig vasthoudend en bevend van schrik. Om hen heen was niets te horen. Zo hard de bommen enkele minuten daarvoor hadden geklonken, zo doodstil was het nu. En toen hief Edith langzaam haar hoofd op. 'Simone, is alles goed met je?'

Sarah lag doodstil met haar gezicht naar de grond en een arm over haar hoofd. Uiteindelijk keek ze naar Edith.

'Het gaat wel,' fluisterde ze.

Voorzichtig kropen de meisjes van onder het bed vandaan en schudden het stof en de glassplinters van zich af. De zaal was een ruïne. Matrassen, kussens en kleren waren alle richtingen uit gevlogen. Versplinterde planken lagen tussen hopen glas en kalk. Edith en Sarah stapten voorzichtig om het puin heen.

Even later rende madame Picot de zaal binnen. 'Is alles goed met iedereen? Zijn er gewonden?' Haar gezicht en jurk zaten helemaal onder het stof.

Toen ze gezien had dat niemand iets mankeerde, enkele builen en sneetjes uitgezonderd, slaakte ze een diepe zucht. 'Nou, dat was me wat. Alleen maar een paar kapotte planken en ramen. Niets wat niet gerepareerd kan worden.' Madame Picot sprak kalm, maar Edith zag haar handen lichtjes beven. 'Zo, dan moeten we nu gaan opruimen. Zet de bedden weer op hun plaats,' vervolgde ze. 'Veeg voorzichtig het glas op. Ik wil deze zaal onmiddellijk weer in orde hebben.'

HOOFDSTUK 23

Mei 1944
Weer een verhuizing

Langzaam maar zeker zetten de meisjes zich in beweging als antwoord op de instructies van de directrice. Een paar schoven de bedden weer op hun plaats en schudden de glassplinters van de dekens en kussens. Anderen raapten de kleren op en pakten voorzichtig de grotere stukken glas op. Edith nam een bezem en begon te vegen. De geur van rook en stof vulde de zaal en brandde in haar ogen. Ze liep naar het raam voor frisse lucht en keek naar buiten. Mensen renden met emmers en slangen om een brand in een nabijgelegen gebouw te bestrijden. De grond buiten haar raam rookte, waardoor het kerkhof er door de nevel nog griezeliger uitzag dan normaal.

Het gaf troost om alles weer op zijn plaats te zetten. Door de rommel op te ruimen, was het net of de gebeurtenissen van die dag werden weggeveegd. Door de zaal netjes te maken, kon je net doen alsof er niets was gebeurd. Maar je kon de oorlog niet wegvegen.

De daaropvolgende dagen en weken gingen de bombardementen rond Ste-Foy-la-Grande gewoon door en vervulden Edith met zowel hoop als angst. De vliegtuigen betekenden dat er misschien snel een einde aan de oorlog kwam, dat Hitler misschien werd verslagen en Ediths leven weer normaal kon worden. Maar tegelijkertijd was ze doodbang dat ze door de bommen zou worden gedood voordat het zover was.

Zou dat niet raar zijn, dacht Edith wrang, om zo ver te komen en dan te worden opgeblazen door degenen die gekomen zijn om je te redden. Wat wilde ze graag naar de vliegtuigen boven haar schreeuwen: 'Wij zijn Joodse meisjes die hier ondergedoken zitten. Doe ons alsjeblieft niets!' En na elke aanval kon Edith weer gewoon ademhalen. Dan hoopte ze weer dat de oorlog snel voorbij zou zijn. En dat ze dan nog steeds zou leven.

Het doel van de bommenwerpers was om de nabijgelegen spoorwegbruggen te vernietigen. Zonder de spoorwegen was het moeilijk om soldaten, goederen en munitie te vervoeren en zouden de legers van Hitler geïsoleerd raken, afgesloten van versterkingen en voorraden.

Omdat de bruggen rond Ste-Foy-la-Grande regelmatig met bommen werden bestookt, werd het steeds gevaarlijker voor de mensen in het dorp. De mededeling dat de kostschool moest worden gesloten en dat de meisjes weer moesten verhuizen, kwam dan ook niet als een verrassing.

Germaine kwam met het nieuws. 'Ik breng jullie meteen ergens anders heen,' kondigde ze bruusk aan toen ze Edith, Sarah, Ida en Suzanne bij elkaar had. De meeste andere meisjes hadden het huis al verruild voor hun boerderijen en tehuizen; de school was zo goed als verlaten. 'We hebben voor ieder voor jullie een verblijfplaats gevonden. Edith, jij gaat nu met mij mee. Ik kom morgen terug voor de rest van jullie.'

'Komt Sarah niet mee?' flapte Edith eruit. 'Blijven we niet bij elkaar?'

Germaine schudde haar hoofd. 'Elk gezin kan maar één kind opnemen. We hebben geluk dat we mensen bereid hebben gevonden om dat te doen. Jullie zullen voorlopig afscheid moeten nemen.' Germaine stond op om zo een einde aan de bijeenkomst te maken. 'Pak vlug je spullen, Edith, en wacht bij de voordeur op me. We hebben niet veel tijd en ik heb nog heel wat te doen.'

Edith en Sarah, die nu alleen waren, bleven stilletjes zitten, hun handen in elkaar.

'Denk je dat we elkaar ooit nog zullen terugzien?' vroeg Sarah ten slotte, maar zo zacht dat Edith zich voorover moest buigen om haar te horen.

'Natuurlijk wel,' antwoordde Edith, hoewel ze allebei wisten dat het vertrouwen in haar stem gemaakt was. 'Je mag het niet opgeven, Simone. We zijn al te ver gekomen. Je moet sterk blijven.' Dat waren Mutti's woorden. Nu gaf Edith dezelfde boodschap door aan Sarah.

'Ik zal proberen het niet te vergeten,' antwoordde Sarah, en ze omarmden elkaar stevig.

HOOFDSTUK 24

De kamer van Marianne

Het was bijna twee uur lopen naar de boerderij aan de rand van Ste-Foy-la-Grande. De hoeve lag beschut tussen twee kleine heuvels en naast een snelstromend riviertje. Naast het huis bevonden zich een houten schuur en een groot, omheind weiland. Daar stonden vier koeien die aan het drinken waren uit een trog. Toen Edith en Germaine het huis naderden, deden monsieur en madame Merleau de deur open en verwelkomden hun gasten.

'We weten alles van je,' zei monsieur Merleau toen ze allemaal aan een diner zaten van gegrilde vis, aardappelen en versgebakken brood. Het was een feestmaal waar Edith en Sarah van hadden gedroomd. Edith pakte een snee knapperig brood, bedekte die met een dikke laag jam en schoof hem vlug in haar mond.

'Arm kind,' zei madame Merleau. 'Je bent nog magerder dan mijn schrielste kip. Ik zal wel zorgen dat er wat vet op je komt.'

Madame Merleau had het vriendelijkste gezicht dat Edith sinds lange tijd had gezien. Haar handen waren ruw en hard van het jarenlange werk op de boerderij, maar haar ogen stonden vriendelijk. 'Het is een schandaal wat er met de Joden is gebeurd,' vervolgde ze terwijl ze voor Edith een glas melk inschonk. 'Vooral met jullie, kinderen.'

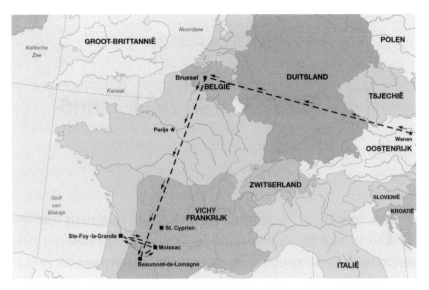

Ediths reis van Oostenrijk naar België en door Frankrijk

'Maar we hebben het er niet meer over dat je Joods bent,' zei monsieur Merleau met zijn diepe, kalmerende stem, 'omdat we daarmee alleen onszelf nog verder in gevaar brengen. We zijn blij dat je hier bij ons bent. We zullen ervoor zorgen dat je geheim bewaard blijft.'

'We doen gewoon wat alle nette mensen horen te doen,' voegde zijn vrouw eraan toe.

'Je moet mij oom Albert noemen en mijn vrouw tante Marie,' zei monsieur Merleau. 'Je zult dadelijk kennismaken met je nieuwe nichtje, onze dochter, Marianne en haar verloofde. We hebben onze buren verteld dat er misschien een nichtje komt logeren, dus...'

'Het is genoeg, Albert,' onderbrak madame Merleau hem. 'Moet je dat kind eens zien. Haar hoofd valt bijna op haar bord. Ze heeft rust nodig.'

'Ja, graag, madame... eh... tante Marie.' Alle angst die

Edith zo lang in zich had opgekropt, leek langzaam weg te sijpelen. Ze was uitgeput. En bij het hartelijke welkom van de familie Merleau kon ze amper haar ogen openhouden.

'Kom, kind. Een goede schrobbeurt en dan stop ik je in bed.' Tante Marie keek haar man streng aan. 'Verdere uitleg kan tot morgen wachten. Wil je nu mademoiselle weer naar de weg brengen. We willen je de keuken uit hebben.'

Een grote pan water stond warm te worden op de kachel. Tante Marie pakte Ediths vuile kleren en liet ze in de houtkachel vallen, schrobde haar toen van top tot teen af en waste alle vuil en zand van haar af. Edith droogde zichzelf voor de kachel af, nam dankbaar een schone nachtpon aan en volgde tante Marie naar een knusse slaapkamer aan de achterkant van het huis. Een oudere vrouw in een lange, gebloemde jurk met een jong kind op haar arm leek Edith vanaf een foto toe te lachen. Tegen de ene muur van de kamer stond een ladekast, tegen de andere een klein bed.

Tante Marie pakte Ediths koffer. 'Ik ga deze kleren wegdoen. Ik zal je een paar jurken geven waar Marianne is uitgegroeid. Die zullen goed passen. Niets bijzonders, gewoon eenvoudige, schone kleren.' Ze gaf een aai over Ediths voorhoofd. 'Ik hoop dat je hier gelukkig zult zijn, mijn kind. Goedenacht. Slaapwel.'

Maar Edith lag een hele tijd wakker en keek naar de schaduwen op de muren die steeds langer en donkerder werden. Voordat ze in Moissac kwam, had ze met Therese een slaapkamer gedeeld. Sindsdien had Sarah altijd in het bed naast haar gelegen. Edith voelde zich plotseling erg alleen. Ze snakte naar het geluid van iemands ademhaling naast zich. Voor het eerst in maanden wilde ze dat ze haar pop, Sophie, nog had. Ediths armen verlangden ernaar om zich om Sophies zachte lijfje te slaan en om haar gezicht in de haren en kleren van de pop te begraven.

Maar er was iets veel ergers dan dit plotselinge gevoel van eenzaamheid. In het vensterluik tegenover Ediths bed was een klein gat waardoor het maanlicht in de kamer viel. En in de duisternis en de eenzaamheid van deze onbekende plaats begonnen haar gedachten een loopje met haar te nemen. *Er komt een soldaat door het veld, die schiet door het gat en ik word gedood door de kogel,* dacht Edith. Ze ging verliggen, eerst naar links, toen naar rechts, maar ze bleef in een rechte lijn met het gat. Ze was gedoemd, waar ze ook lag.

'Ademhalen,' sprak Edith zichzelf hardop toe in de donkere kamer. Het geluid van haar stem weerkaatste bijna in de kale ruimte. 'Adem diep in.' Ze dwong haar lichaam om zich te ontspannen, haar schouders om slap te worden en haar ademhaling om weer normaal te worden. Toen dacht ze aan Mutti, zoals zo vaak als ze bang was. In haar hart geloofde ze nog steeds dat Mutti veilig was. 'Ik wacht op u, Mutti,' fluisterde Edith in het duister. Dit hielp haar altijd om erdoor te komen. De overtuiging dat Mutti en zij binnenkort herenigd zouden worden, gaf haar kracht. En die gedachte zorgde ervoor dat ze haar ogen kon sluiten en gaan slapen.

HOOFDSTUK 25

Juni 1944

Het duurde niet lang voor Edith aan het ritme op de boerderij gewend was. Ze stond elke dag als het licht werd op om de koeien te melken en ze vrij te laten in de wei waar ze konden grazen. Dan mestte ze hun stallen uit en ging naar binnen om te helpen met het ontbijt. Edith stortte zich vol energie en enthousiasme op haar taak. De warme lentezon bracht kleur op haar wangen en ze voelde hoe haar armen en benen sterker werden.

Zoals tante Marie beloofd had, zorgde ze ervoor dat Edith langzaam maar zeker wat aankwam. Toen haar maag in staat was meer voedsel te verdragen, werd ze volgestopt met vlees en aardappelen, en met boter op haar brood. Rantsoenering was ergens anders, maar niet op de boerderij. Voorbij was de tijd van etensresten stelen uit het vuilnis.

Marianne Merleau was een grote meid met een brede, vrolijke lach en een dikke vlecht die op haar rug wipte. Het deed Edith denken aan Sarahs prachtige haar voor de luizen. Mariannes verloofde, Martin, bracht elke keer als hij langskwam snoepjes voor Edith mee, en dat was bijna elke dag. Hij liep achter Marianne aan als een jonge hond en glom van plezier bij elke glimlach die zij hem schonk. Edith moest blozen en giechelen om hun duidelijke genegenheid voor elkaar.

Op een zonnige dag, toen Edith al een paar weken op de boerderij verbleef, besloten Marianne, Martin en zij te gaan picknicken in een veld stroomopwaarts van de boerderij. Ze legden een deken uit tussen de wilde bloemen, rode, paarse en gele anemonen - Mutti's lievelingsbloemen - madeliefjes en witte lelies. Bijen vlogen lui in het rond; hun zachte gezoem mengde zich met het getjilp en gefluit van roodborstjes en mussen.

Martin haalde zijn klarinet tevoorschijn en begon te spelen. Edith lag ontspannen op de deken en liet de zon en de muziek op zich inwerken. Half in slaap zweefde ze door de tijd, en herinneringen en beelden passeerden haar gedachten. Het ene moment liep ze op een dag als deze met Vati in Wenen en hield ze zijn arm stevig vast. Het beeld vervaagde en Edith stond op de veranda van het huis in Moissac. Mutti liep weg en Edith riep haar wanhopig na. Er ging weer een moment voorbij. Nu danste Edith vrolijk in de tuin van de school in Ste-Foy-la-Grande. Sterren fonkelden aan de hemel toen ze Sarah een vredige sabbat wenste. Bij het laatste beeld van haar slaapkamer op de boerderij viel Edith in slaap.

Ze droomde dat ze alleen was terwijl de bijen lui boven haar gonsden. Naarmate er meer bijen boven haar hoofd cirkelden, nam het gezoem toe en toen nog meer. Edith opende haar ogen en schoot geschrokken overeind. Dat zoemende geluid klonk haar al te bekend in de oren: vliegtuigen! En ze kwamen dichterbij.

Ze keek wild om zich heen. Ze bevonden zich in het open veld. Ze konden nergens dekking zoeken. 'Bommenwerpers!' schreeuwde ze. 'We moeten ons verstoppen.'

Marianne sloeg haar armen om Edith heen en het kostte haar moeite haar in bedwang te houden. 'Het is niets, Edith.

Je bent veilig bij ons. Het zijn vliegtuigen van de geallieerden. Zij doen ons niets.'

Marianne had het mis. De geallieerden hadden Ste-Foy-la-Grande gebombardeerd. Ze moesten maken dat ze wegkwamen! Maar Marianne hield Edith stevig vast. Het lawaai was nu oorverdovend; het beukte in Ediths hoofd en trok door heel haar lijf. Ze begroef haar gezicht in Mariannes schouder.

'Doe je ogen open, Edith!' riep Marianne. 'Kijk!'

Voorzichtig deed Edith haar ogen iets open. Er vlogen minstens tien vliegtuigen laag in formatie. Toen zag ze wat Marianne haar probeerde te laten zien.

Martin sprong op en neer en zwaaide naar de vliegtuigen. Toen Edith keek liet het voorste vliegtuig een vleugel zakken alsof hij terugzwaaide. Nu wist ze dat ze veilig was.

Ze bleef kijken tot het laatste vliegtuig achter de horizon was verdwenen. Toen vroeg ze: 'Welke dag is het vandaag? Ik wil dit onthouden.'

Marianne dacht even na. 'Het is 6 juni.'

Edith liet zich weer op de deken zakken. 'Mutti's verjaardag,' zei ze vol verbazing. Martin pakte zijn klarinet en begon een grappige vertolking van 'Happy Birthday' te blazen. Dit was een teken, dacht Edith. De geallieerden zijn hier, zong ze in gedachten steeds weer. De oorlog zal snel voorbij zijn. Mutti komt me halen.

HOOFDSTUK 26

De hereniging

Edith wist het toen nog niet, maar op 6 juni 1944 gebeurde er iets wat veel belangrijker was dan Mutti's verjaardag. Op die dag viel langs de Normandische kust, in het noordwesten van Frankrijk, een troepenmacht van meer dan honderdduizend geallieerde soldaten in duizenden boten binnen. De invasie verraste het Duitse opperbevel en in heel Europa begonnen de nazi-strijdkrachten zich terug te trekken. Aan de Tweede Wereldoorlog kwam pas in mei 1945 een einde, maar in september 1944 was in Frankrijk de oorlog voorbij.

Edith bleef de hele zomer van 1944 op de boerderij. In die periode bij de familie Merleau was ze gelukkig en werd er goed voor haar gezorgd. Het belangrijkste was dat ze veilig was. Toen, in september, kwam Germaine om haar mee terug naar Moissac te nemen.

'Shatta en Bouli zijn naar het huis teruggekeerd,' zei Germaine. 'We proberen ook alle kinderen terug te brengen.'

Huilend nam Edith afscheid van tante Marie, oom Albert, Marianne en Martin. Ze waren als familie voor haar geworden in een periode dat ze hun koesterende zorg zo vreselijk nodig had.

Het huis in Moissac leek onveranderd; maar alles voelde anders aan. Edith was nu twaalf en had sinds ze hier voor het laatst was geweest heel wat meegemaakt, goede en slechte ervaringen.

'Hallo, lieverd.' Shatta en Bouli kwamen naar buiten om Edith te begroeten en omhelsden haar hartelijk.

'We zijn zo blij dat je veilig bent teruggekeerd,' zei Bouli.

'Ga naar binnen,' vervolgde Shatta. 'Pak je spullen uit, dan praten we later.'

Een stel vreemde leidsters en leiders vinkten bij binnenkomst de namen van de kinderen af. 'Hoe heet je?' vroeg een van hen, bladerend door de lijst met namen.

'Edith Serv... Nee, wacht.' Edith zweeg even. 'Schwalb. Ik ben Edith Schwalb. Zo heet ik,' verklaarde ze. Op dat moment vorderde ze haar naam terug en de identiteit die ze gedwongen was te verzwijgen.

'Schwalb,' herhaalde de leidster. 'We hebben nog een Schwalb. Daar is hij.' Gaston stond verlegen glimlachend achter Edith.

'Gaston!' riep Edith. Ze zwierde hem in het rond, omhelsde hem en riep keer op keer zijn naam. Uiteindelijk deed ze een stap achteruit om hem te bekijken. Gaston was een stuk groter geworden, maar hij was vreselijk mager en zijn ogen stonden treuriger dan ze zich kon herinneren. Ze kon zich op geen enkele manier indenken wat voor een leven hij had gehad. Misschien zouden Gaston en zij in de komende maanden bij elkaar kunnen zitten en hun verhalen aan elkaar vertellen. Misschien zouden ze dan enigszins kunnen begrijpen wat de oorlog met ieder van hen had gedaan. Maar dat kon wachten. Nu was het belangrijkste dat ze het hadden overleefd.

In de weken daarna druppelden de kinderen die in het

huis in Moissac hadden gewoond weer binnen, veilig en wel. Ze waren blij weer bij elkaar te zijn, maar in hun ogen bleef de pijnlijke waarheid zichtbaar van hetgeen ze hadden meegemaakt.

Edith had niet durven hopen dat ze Sarah ooit nog terug zou zien, maar op een ochtend verscheen Sarah aan de deur van de slaapzaal.

Edith drukte haar vriendin stevig tegen zich aan. 'Je haar is weer aangegroeid,' zei ze ten slotte.

Sarah knikte, en deed zelfbewust haar hand omhoog om op haar hoofd te voelen. Ze was nog steeds heel stil. Het zou een hele tijd duren voordat ze uit haar pantser brak, om te gaan praten en haar verhaal te vertellen. Het einde van de oorlog had iedereen vrede gebracht. Maar er waren nog steeds mensen, zoals Sarah, die gevangen bleven in verdriet en wanhoop. Edith kon niet meer doen dan er voor haar vriendin te zijn, een luisterend oor te bieden en een schouder om op uit te huilen.

Op een dag, eind september, zat Edith op de veranda aan de voorkant. De eerste tekenen van de herfst waren overal zichtbaar. Bladeren begonnen geel te worden en in de lucht hing een kilte die een kouder weertype aankondigde. Maar de bloemen in het veld stonden nog steeds in volle bloei en de vogels vlogen hoog in de lucht.

De mensen liepen in de straten van Moissac en vervolgden hun leven van alledag alsof het nooit oorlog was geweest: moeders liepen met hun kinderen aan de hand, winkeliers stonden in hun winkel; er waren weer auto's op straat te zien.

In de verte zag Edith twee vrouwen met koffertjes de straat inlopen in de richting van het huis. Aan het einde van het

trottoir liepen ze het pad op naar de veranda aan de voorkant.

Edith sloeg de grootste vrouw aandachtig gade. Ze herkende die pas, kende dat gezicht!

Ze vloog de trap af en stortte zich in Mutti's armen.

*Een plaquette in Moissac opgedragen aan Shatta en Bouli
Simon voor het werk dat ze hebben gedaan door Joodse
kinderen tijdens de oorlog te beschermen.*

1945
MOISSAC

'**K**ijk, er is helemaal niets veranderd!'
Weer stonden Edith en Gaston voor het drie verdiepingen tellende grijze stenen huis in Moissac. Het nummer 18 schitterde nog steeds in het ochtendlicht. De vensterluiken, met hun kruispatroon, waren opengegooid om het zonlicht door de ramen binnen te laten, net als vroeger. Aan de andere kant van de straat kwam een koel briesje vanaf de rivier. Edith haalde diep adem en dacht terug aan het jaar dat voorbij was sinds de oorlog was afgelopen.

De hereniging met Mutti en Therese was het gelukkigste moment van haar leven geweest. Samen met Gaston waren ze teruggekeerd naar Beaumont-de-Lomagne, waar ze een klein appartement hadden betrokken. Edith ging weer naar de plaatselijke school en liep nu zelfs nog verder achter met de leerstof. Toch was ze gelukkig, al ontbrak er één stukje: Vati.

Wekenlang smeekten Edith en de rest van het gezin de Joden die druppelsgewijs uit de concentratiekampen terugkeerden om nieuws over hem. Ze staarde naar deze mensen die er opgejaagd en uitgemergeld uitzagen, en ze voelde zich schuldig. Hoe had ze kunnen klagen over haar omstandigheden in Ste-Foy-la-Grande terwijl deze gevangenen zo hadden geleden? Ze wendde zich af van hun graatmagere lichamen en bad dat onder degenen die terugkwamen, zich iemand bevond die nieuws over haar vader had. Toen, op een dag, liep een van Ediths neven het appartement binnen. Hij had samen met Vati gevangengezeten en hij kwam met het nieuws waarvoor het gezin zo bang was geweest.

Na hun aanhouding, zo vertelde hij, waren Vati en hij naar het concentratiekamp in Auschwitz gebracht. Amerikaanse soldaten die het kamp aan het einde van de oorlog hadden bevrijd, hadden de gevangenen met de beste bedoelingen overvoed. Na jaren uitgehongerd te zijn geweest, was Vati een van de vele gevangenen wiens lichaam het eten niet kon verdragen, en hij stierf de volgende dag.

Edith was gebroken na het nieuws. Ze was blijven hopen dat haar vader terug zou keren naar zijn gezin, naar haar. Maar nu was hij er niet meer en het enige wat Edith had was de herinnering aan deze sterke, lieve man.

Bij het horen van het nieuws leek het Edith of haar moeder in één klap ouder was geworden. Deze sterke, mooie vrouw, die zo hard had gevochten om haar gezin in de oorlog te beschermen, was uitgeput en had alle moed verloren; en naarmate de tijd verstreek, zag Edith dat de zorg voor drie kinderen te veel voor Mutti was geworden. Alle vechtlust was bij haar verdwenen.

Toen kwam Edith met een uitstekend idee. 'Alsjeblieft, Mutti, laat me terug naar Moissac gaan.' Het was zo eenvoudig, dacht Edith. Ze zou in het huis in Moissac gaan wonen. Daar was voor haar immers haar echte thuis, niet Beaumont-de-Lomagne of waar dan ook in Frankrijk. Daar, in het huis, zou ze niemand tot last zijn. Ze was inmiddels veertien, ze kon helpen voor andere kinderen te zorgen, zoals de jonge leidsters en leiders die tijdens de oorlog voor haar hadden gezorgd. Ze had er goed over nagedacht. Ze zou Gaston meenemen; Therese kon dan blijven om voor Mutti te zorgen.

Mutti weigerde. Ze had net haar gezin weer bij elkaar. Hoe kon ze dat dan weer uit elkaar laten vallen? Maar Edith hield vol, en ze beloofde Mutti zo vaak te bezoeken als ze kon, net als Mutti Edith had beloofd haar in Moissac te bezoeken. Ze smeekte en smeekte en uiteindelijk besefte Mutti dat dit de beste oplossing was. Het was niet zo gek dat Edith en Gaston naar Moissac terugkeerden.

Dus stond Edith nu met Gaston naast zich en keek naar het huis dat ze als haar thuis beschouwde. 'Kom,' zei ze, terwijl ze in de hand van haar broertje kneep. 'Laten we eens kijken of Shatta er is.'

Edith en Gaston gingen het huis binnen, liepen de gang door en bleven staan voor de deur van het kantoor. Ze klopte zacht.

'Entrez! Binnen,' klonk een stem.

Edith gluurde naar binnen. Daar, achter haar grote, houten bureau, zat Shatta. Ze wierp een blik op Edith en sprong op. 'Edith!' riep ze uit. 'Wat fantastisch! En Gaston! Wat zijn jullie groot geworden!' Gaston voelde zich ongemakkelijk door Shatta's omhelzing, maar hij was blij haar te zien en blij er te zijn. 'Hoelang blijven jullie?' vroeg Shatta. 'Jullie zijn welkom, dat weten jullie.'

Edith haalde diep adem. *Dit is nu de derde keer dat ik naar dit huis kom*, dacht ze. De eerste keer was tegen haar zin en was ze doodsbang geweest om van haar moeder te worden gescheiden. De tweede keer, toen de oorlog op zijn einde liep, was ze met Germaine gekomen, nog steeds onzeker over wat de toekomst brengen zou. Deze keer voelde Edith zich sterk. Het was haar keus om naar Moissac te gaan, haar keus om thuis te komen.

'Ik blijf zo lang ik nodig ben, zo lang ik kan helpen.'

Edith bleef tot 1949 in Moissac. Ze werd toen gevraagd om naar Parijs te gaan, waar ze leidster werd in een nieuw tehuis waar ze de zorg kreeg over Joodse kinderen die wees waren geworden. In 1953 trouwde Edith daar met Jacques Gelbard, die eveneens in dit tehuis werkzaam was. Twee jaar later verlieten Edith en Jacques Frankrijk om naar Canada te gaan. Een jaar na Ediths komst daar haalde ze haar moeder naar Canada om bij haar te komen wonen en verzorgde ze haar tot aan haar dood jaren later. Tegenwoordig woont Edith in Toronto, in de buurt van haar vier zoons en negen kleinkinderen. Gaston werd een bekende chef-kok in Toronto waar hij zich zelfs ooit kandidaat heeft gesteld voor het burgemeesterschap. De familie Gelbard is inmiddels drie generaties lang actief in de padvinderij als een eerbetoon aan de organisatie die Edith in staat heeft gesteld de oorlog te overleven.

Edith in 1949

Jaren na de oorlog: Gaston in de keuken van zijn restaurant.

Edith (links onder)
en meisjes van het
huis in Moissac na de
oorlog. Ze dragen een
padvindersuniform en zijn
aan het kamperen.

Edith (zittend, uiterst recht)
als leidster met kinderen
uit het tehuis in Parijs in
1950.

Edith (rechts boven) en nog een
stel kinderen uit het tehuis in
Parijs in 1950.

Boven: Ediths huwelijk met Jacques. Op de foto staan ook Therese (uiterst links), Gaston (zittend onder Therese), Ediths moeder (uiterst rechts) en nog een paar jonge familieleden.

Rechts: Edith en Jacques Gelbard in Parijs, 1950.

*In mei 2004
bezocht Edith
Moissac en
Ste-Foy-la-
Grande.*

*Edith voor
het huis in
Moissac.*

*Edith voor de
hekken van
de school in
Ste-Foy-la-
Grande.*

*Edith in Ste-
Foy-la-Grande
met aan de
rechterkant
de kostschool
waar ze
verbleef. Het
kerkhof ligt
achter de hoge
heg aan de
linkerkant.*

Noot van de auteur

Edith en het huis in Moissac is een waargebeurd verhaal. Edith Schwalb is in 1932 in Wenen, in Oostenrijk, geboren. Samen met de rest van het gezin ging ze vlak voor het uitbreken van de Tweede Wereldoorlog uit Oostenrijk weg om uiteindelijk in Zuid-Frankrijk te eindigen. Nadat haar vader door de nazi's was opgepakt, doken haar moeder en haar zus onder op het platteland; Edith en haar broer Gaston werden naar het huis in Moissac gestuurd.

Het huis werd gefinancierd door de Joodse padvinderij in Frankrijk (Eclaireurs Israélites de France) en geleid door een jong echtpaar, Shatta en Bouli Simon. Henri Milstein was de dirigent van het koor, Germaine Goldflus een van de leidsters. Sarah Kupfer werd Ediths beste vriendin. Vier jaar lang verleenden Shatta en Bouli Joodse kinderen onderdak, van wie de ouders ondergedoken zaten of door de nazi's waren opgepakt. Van de meer dan vijfhonderd Joodse kinderen die tijdens de oorlog in het huis hadden gewoond, overleefde slechts een het niet: haar ouders hadden haar meegenomen tegen het advies van Shatta en Bouli in. Het gezin was opgepakt en naar een concentratiekamp gedeporteerd.

Iedereen in Moissac was op de hoogte van het hoe en waarom van het huis, en de kinderen waren welkom op de plaatselijke school. De mensen uit het dorp hebben nooit de

Joden die tussen hen woonden verraden. Als er een razzia door de nazi's dreigde, dan gaf de burgemeester dat onmiddellijk door aan Shatta en Bouli. De kinderen gingen dan kamperen in de heuvels rond Moissac en kwamen terug als het gevaar geweken was.

Bij het schrijven van *Edith en het huis in Moissac* heb ik geprobeerd om zo getrouw mogelijk het leven van Edith als ondergedoken kind te beschrijven. Soms kon ze zich de namen niet meer herinneren van de mensen die ze in de oorlog had ontmoet, dus heb ik van verschillende mensen de namen verzonnen. Ook zijn Eric Goldfarb en Edith elkaar in Moissac nooit tegengekomen, hoewel ze daar in dezelfde periode hebben gezeten. Eric was zestien en bleef zes maanden voordat hij zich aansloot bij het verzet. Toen de oorlog al lang was afgelopen, hebben Eric en Edith elkaar in Toronto uiteindelijk toch ontmoet.

Een plaquette in Moissac die in 1950 door de jeugdige overlevenden van het huis is geplaatst. Er staat onder andere: 'Voor de inwoners van Moissac die ons hebben beschermd, geholpen en zo de levens van honderden jonge Joodse kinderen hebben gered tijdens de donkere periode van de Duitse bezetting.'

In mei 2004 keerden veel kinderen die in het huis in Moissac hebben gezeten, onder wie Edith, samen met de kinderen
en kleinkinderen van Shatta en Bouli voor een herdenkings-
bijeenkomst terug. Daarbij werden twee plaquettes onthuld:
een als eerbetoon aan Shatta en Bouli Simon; de andere als
eerbetoon aan de voormalige burgemeester en de bewoners
van Moissac, die met gevaar voor eigen leven samen de levens
van honderden Joodse kinderen hebben gered.

*Mei 2004: Een bijeenkomst van (toenmalige) jeugdige overlevenden en
inwoners van Moissac voor het huis. Edith, in een witte jas, staat bijna in
het midden. Op de voorgrond staan ook jonge padvinders.*

Dankwoord

Op de allereerste plaats dank ik Edith Gelbard dat ze mij haar verhaal heeft verteld. De eerste keer dat ik Edith hoorde vertellen over haar ervaringen in Moissac, stond ze te praten tegen een groep studenten. Ze vatte haar verhaal in een minuut of vijf samen. En dat korte tijdsbestek hoorde ik iets opvallends, en ik wist dat ik er meer over wilde horen. Edith heeft zich geduldig door mijn ontelbare vragen heen geslagen en ze vriendelijk en bescheiden beantwoord, steeds met een innemende glimlach en warme gastvrijheid.

Via Edith ben ik in contact gekomen met Eric Goldfarb en had het genoegen hem te interviewen om zo enkele van de ontbrekende stukken van dit verhaal in te vullen. Helaas overleed Eric een paar weken nadat we elkaar hadden ontmoet. Hij was een charmante, hartelijke en geestige man en ik ben dankbaar dat we met elkaar hebben kunnen praten. Ik ben ook zijn vrouw, Fée, dank verschuldigd voor de foto's van Eric die ze me heeft gegeven en de verhalen die ze heeft verteld.

Veel dank, als altijd, aan Margie Wolfe van Second Story Press, dat ze me tijdens het schrijven is blijven aanmoedigen. De Holocaust Herdenkingsserie, waarvan dit boek deel uitmaakt, is een project van Margie. Ze is de onvermoeibare pleitbezorgster van literatuur voor jonge lezers en lezeressen over de Holocaust, en ik heb dan ook veel bewondering en respect voor haar.

Dank ook aan Charis Wahl voor haar geduld en toewijding bij het persklaarmaken van dit boek. Dank aan Carolyn Wood, Melisa Kaita, Phuong Truong en Leah Sandals, de vrouwen achter Second Story. Zij vormen een toegewijde, getalenteerde groep en het is een genoegen om met ieder van hen samen te werken. Ik ben de Kunstraad van Ontario dankbaar voor zijn steun.

Ik heb een geweldige familie en vriendenkring. Aan iedereen die ik regelmatig zie, spreek of e-mail, iedereen die ik heb leren kennen binnen de schrijversgemeenschap en degenen die me op vrijdagavond te eten geven: ik hou van jullie, hartelijk bedankt allemaal.

Elke dag in mijn leven heb ik mijn man, Ian Epstein, en mijn kinderen, Gabi en Jake. Zij voeden mijn ziel, zorgen dat ik in balans ben, verschaffen me perspectief en geven me humor en liefde.